Caroline Allard

GLEICH KLATSCHT ES, ABER KEINEN BEIFALL

W0172107

Caroline Allard

GLEICH KLATSCHT ES, ABER KEINEN BEIFALL

Sternstunden des Mutterglücks

Unzensierter Insiderbericht

mvgverlag

Bibliografische Information der Deutschen Nationalbibliothek:
Die Deutsche Nationalbibliothek verzeichnet diese Publikation in der Deutschen National-
bibliografie; detaillierte bibliografische Daten sind im Internet über **http://d-nb.de** abrufbar.

Für Fragen und Anregungen:
info@mvg-verlag.de

2. Auflage 2015

© 2015 by mvg Verlag, ein Imprint der Münchner Verlagsgruppe GmbH,
Nymphenburger Straße 86
D-80636 München
Tel.: 089 651285-0
Fax: 089 652096

© der Originalausgabe 2007, by Éditions Septentrion – division HAMAC, Québec – Kanada

Die französische Originalausgabe erschien 2007 bei Éditions Septentrion unter dem Titel
Les Chroniques d'une mère indigne 1.
Dieses Werk wurde vermittelt durch Mon Agent et Compagnie/6 rue Victor Hugo –
73000 Chambéry – Frankreich

Übersetzung: Andrea Alvermann
Redaktion: Caroline Kazianka
Umschlaggestaltung: Kristin Hoffmann, München
Satz: EDV-Fotosatz Huber/Verlagsservice G. Pfeifer, Germering
Druck: CPI books GmbH, Leck
Printed in Germany

ISBN Print 978-3-86882-548-0
ISBN E-Book (PDF) 978-3-86415-713-4
ISBN E-Book (EPUB, Mobi) 978-3-86415-714-1

Weitere Informationen zum Verlag finden Sie unter

www.mvg-verlag.de

Beachten Sie auch unsere weiteren Imprints unter
www.muenchner-verlagsgruppe.de

Für meine beiden Töchter, Clémentine und Emma,
die ich mehr liebe als alles andere auf der Welt.

Für Marc, meinen geliebten Mann, ohne den
das Rabenelterndasein nur halb so schön wäre.

Inhalt

Inhalt

Vorwort

Rabenvater greift zur Feder

So sehr du auch versuchst, dich um Medientreffen, gesellschaftliche Empfänge und Großverträge herumzumogeln, eines Tages holt das Talent dich ein und erzwingt deinen Ruhm. Dieses Schicksal hat auch Rabenmutter ereilt, meine Frau, die von Stund an die Last ihres Erfolgs zu tragen hatte. Lassen wir sie also über blühende Ruhmeswiesen tanzen und beschäftigen uns lieber mit den Fragen, die Sie, liebe Leser und Leserinnen, sich gewiss zu Ihrem großen Vorbild stellen.

Diese unzähligen Fragen wurden von einem talentierten jungen Mann in aller Schlichtheit meisterlich erfasst, herausgearbeitet und während eines Interviews ausformuliert, das ich, Rabenvater, ihm im Schatten unseres stattlichen Einfamilienhauses (eben jenem Haus mit dem bröckelnden Kamin und einem einsamen Auto in der Garage) in einem aufstrebenden Vorort einer bekannten Großstadt gewährt habe.

Sommer 2006: Bei drückender Hitze und nachdem ich vergebens versucht habe, mir das Hemd mit den Zähnen auszuziehen, nimmt Jean-Louis XXX. (den Sie bald kennenlernen werden) einen Schluck Zitronenlimonade und befragt mich ohne das geringste Anzeichen von Mitgefühl.

Jean-Louis XXX.: »Die Sternstunden erwecken den Eindruck, als würden Rabenmutter und Sie dieselbe Vorstellung von Familienleben haben. Oft scheinen Sie wie Pech und Schwefel zusammenzuhalten, sich gegenseitig zu stützen, dem unüberschaubaren Scheißhaufen, den die Windel des Lebens für Sie bereithält, nicht nur gemeinsam die Stirn zu bieten, sondern ihn auch sogleich mit vereinten Kräften zu entsorgen. Manchmal zeigen Sie sogar ein geradezu verschwörerisches Einvernehmen. Lassen sich an diesen zahlreichen Indizien Anzeichen für eine unverbrüchliche Liebe erkennen?«

Rabenvater: »Ja.«

Jean-Louis XXX.: »Einen Moment, ich notiere. Gut. Und wenn ich es richtig verstanden habe, so haben Sie aus gegenseitiger Liebe beschlossen, die Ehestatistiken Lügen zu strafen, eine Familie zu gründen, zwei charmante kleine Mädchen in die Welt zu setzen, von denen die eine Schriftstellerin und die andere Physikerin wird – ausgezeichnete Aussichten auf einen zusätzlichen Nobelpreis für diese vom Schicksal bereits mehr als verwöhnte Familie. Die Nachbarn haben mir gar versichert, dass Sie noch immer ein nächtliches Liebesleben pflegen (sofern es sich hier nicht um Rabenmutter handelt, die sich regelmäßig den Zeh an einem Tischbein stößt, während sie das Fläschchen aufwärmt). Haben Sie nicht hin und wieder das Gefühl, dass das alles zu schön ist, um wahr zu sein?«

Rabenvater: »Nein.«

Jean-Louis XXX.: »Notiert. Letzte Frage: Komponiert Rabenmutter ihre Lieder vor den Texten oder umgekehrt?«

Rabenvater: »Meines Wissens hat sie bisher nur die Texte geschrieben.«

Jean-Louis XXX.: »Vielen Dank, dass Sie uns Ihr Herz ausgeschüttet und Ihre Gedanken in vertrauensvoller Beantwortung unserer Leserfragen mit uns geteilt haben.«

Rabenvater: »Gegenüber den hochgeschätzten Lesern von Rabenmutter habe ich keine Geheimmisse. Und wenn, wäre ich der mächtigste Mann der Welt!«

Rabenmutter betritt plötzlich das Vorwort: »Mag sein, doch zuvor solltest du erst noch Windeln wechseln.«

Rabenvater: »Okay, okay, ich geh ja schon.«

Einführung

Nur Rabeneltern werden überleben

Begünstigt das tägliche fünfzehnmalige Wechseln überquellender Windeln unanständiges Gedankengut? Ja! Nach sieben Monaten Elternzeit musste ich mir plötzlich das Offensichtliche eingestehen: Ich war nach und nach zur Rabenmutter mutiert.

Bis ich diesen Zustand akzeptieren konnte, habe ich psychisch sehr gelitten. Jahrelang hatte ich nämlich heldenhaft versucht, Großer Tochter eine perfekte Mutter zu sein, und mich bemüht, die gut gemeinten Ratschläge seriöser Elternratgeber bestmöglich zu befolgen. Doch mit der Ankunft von Baby Nummer zwei wurde mir die Erkenntnis geradezu aufgezwungen, dass Eltern, die den Anweisungen dieser Handbücher wortgetreu folgen, sich kurzfristig einem totalen Burn-out verschreiben. Bestürzt erkannte ich zudem, dass wir, sobald wir bewusst oder versehentlich gegen die hochheiligen Grundsätze einer perfekten Mutter verstoßen, zu ewiger Heimlichtuerei gegenüber dem Kinderarzt und zu Schuldgefühlen verdammt sind, die uns irgendwann völlig verblöden lassen. Deswegen habe ich in solidarischer Verbundenheit zu meinen leidenden Elterngenossen beschlossen, die dunkle Seite des Mutterdaseins schriftlich und öffentlich kundzutun.

Machen wir uns doch nichts vor: Nichts ist beängstigender als die Aufzucht eines Kindes. Selbst wenn unsere Kleinen die liebsten und besterzogensten der Welt sein sollten: Kinder zu haben ist ein viel zu riskantes Unternehmen, als dass wir uns die geringste Sorglosigkeit erlauben und darauf verzichten könnten, diese aufgehende Saat tagtäglich aus nächster Nähe zu überwachen – und zwar bereits vom Zeitpunkt ihrer Zeugung an. Von den ersten Ängsten (»Hilfe! Sie hat ihre Milch nicht ausgetrunken!« – »Gott sei Dank! Sie hat eine große Schale Müsli gegessen!«) bis hin zu künftigen Panikattacken (»Hilfe! Ein Kondom!« – »Gott sei Dank! Es ist noch eingeschweißt!«) ist es völlig nutzlos, den Kopf in die Windeln zu stecken: Wir sind ihnen mit Haut und Haaren ausgeliefert. Kurz, die Gleichung ist ganz einfach: Wenn wir nicht irgendwann vor lauter Sorge platzen wollen, brauchen wir ein Ventil. Für Eltern bietet die Rabenelternschaft ein solches wunderbares Ventil, das es uns ermöglicht, auch weiterhin Ja zum Leben zu sagen.

Lassen Sie uns von heute an das große Wagnis eingehen und laut und deutlich verkünden: Kinder sind zum Lachen da! Schließlich geben wir unser Bestes: Tagtäglich zittern wir um sie, wir platzen vor Stolz angesichts ihrer Leistungen, wir ernähren sie, beherbergen sie, waschen sie, hören ihnen zu, kaufen ihnen blödsinnige Spielsachen, nur um des Vergnügens willen, ihre Gesichter sekundenlang aufleuchten zu sehen, kurz, wir lieben sie mehr als uns selbst. Da können wir es uns doch wohl auch erlauben, über sie zu schmunzeln, über ihre dumme Vorliebe, *Teletubbies* zu gucken oder Pokémon-Karten zu sammeln, finden Sie nicht?

Die in diesem Buch zusammengestellten Bekenntnisse unterteilen sich in zwei Kategorien: Zum einen sind da die Situationen, in denen wir ganz allgemein über unsere Kinder lachen können. Und zum anderen sind da diejenigen, in denen ich selbst ganz besonders über meine Kinder gelacht habe. Selbsterlebtes, ganz genau! Mitten aus dem Leben. Wirkliche Wirklichkeit. Was soll ich sagen – so etwas wirkt absatzfördernd, und mein Verleger hat mich quasi dazu genötigt.

Oh, fast hätte ich es vergessen: Ich lache auch viel über die Papas in diesem Buch, aber – psst! – nicht weitersagen. Herr Testosteron ist da sehr empfindlich, möglicherweise bricht er wegen nichts und wieder nichts in Tränen aus, und wir haben doch schon mit unseren Kindern alle Hände voll zu tun.

Wie dem auch sei, liebe Eltern, ich hoffe, die Lektüre dieses Werkes wird Sie ermutigen, Ihre Rabenelternschaft weiter auszubauen. Es ist Ihre einzige Überlebenschance. Und abgesehen davon, dass sie einem das Leben erleichtert, ist sie tragbar, geräuschlos und leicht zu entfernen.

Das behaupte ich jedenfalls mal.

Die Hauptpersonen

Rabenmutter: Ihrer Meinung nach ist sie bei Weitem die charmanteste, intelligenteste und lustigste Person in diesem Buch (übrigens bin das ich). Dank einer ordentlichen Portion Humor und einer wunderbaren Erfindung namens Gin Tonic erträgt sie das Familienleben ganz gut und geht sogar so weit, es zu lieben.

Rabenvater: Seiner Meinung nach ist er bei Weitem die charmanteste, intelligenteste und lustigste Person in diesem Buch. Dank seiner belgischen Staatsangehörigkeit besitzt er – neben einem unerschöpflichen Vorrat an Muscheln mit Pommes – Weisheit und gute Laune. So unglaublich es auch scheinen mag, Rabenvater erträgt Rabenmutter und geht sogar so weit, sie zu lieben. Außerdem bügelt und faltet er die Wäsche der gesamten Familie, und das, ohne dafür einen doppelten Wodka zu benötigen. Kerle.

Große Tochter: Ganz objektiv gesehen ist sie bei Weitem die charmanteste, intelligenteste und lustigste Person in ihrer Schule. Das führt so weit, dass die Jungen sich um ihre Gunst prügeln (einen Blick, ein Lächeln, Fledermausfamilie auf dem Pausenhof spielen). Wie sie selbst sagt: »Es ist normal, dass mehrere Jungen mich lieben. Ich bin hübsch, intelligent, treibe gerne Sport, und außerdem bin ich gegen kein Tier allergisch.« Sie ist auch sehr, sehr lustig.

Baby: Ganz unvoreingenommen ist sie bei Weitem die charmanteste, intelligenteste und lustigste Person in ihrer Babygruppe. Die Tatsache, dass ein so kleines Kind noch nicht sprechen kann, hat sie noch nie daran gehindert, ihr Leben so leben zu wollen, wie es ihr gefällt. Baby ist ein Wesen, das sich eindrucksvoll bemerkbar macht – und zwar mindestens ebenso deutlich wie die Scheußlichkeiten, die wir regelmäßig in ihrer Windel finden.

Sophie: Sie ist die Freundin von Großer Tochter und Tochter unserer Freunde. Zweifellos handelt es sich bei ihr um das durchtriebenste, hinterhältigste und schrecklichste Wesen dieses Planeten. Genau deswegen lieben wir sie auch so sehr. Zumindest von weitem.

Jean-Louis XXX.: Ach, Jean-Louis, Jean-Louis! Warum hast du mich verlassen? Hm. Jean-Louis, also das ist nur ein guter Freund. Sonst nichts.

Wir sind es leid!

Schockierende Enthüllungen

Rabenmutter ist umringt von Kindern mit verquollenen, geröteten Gesichtern. Einige grinsen, doch die meisten schniefen und reiben sich die Augen. Seufzend legt sie ihren Krimi zur Seite und wendet sich ihrem Auditorium zu.

»Kinder! Ruhe, Kinder. Ich habe Baby gerade hingelegt, und ihr kennt die Regel: Wer Baby weckt, muss auch dafür sorgen, dass sie wieder einschläft. Erinnerst du dich noch, Maja, letztes Mal, da ist dir der Nachmittag ziemlich lang vorgekommen, oder? Also beruhigt euch!

Was wolltet ihr denn?«

Die Kinder überschütten sie mit einem Gewirr unverständlicher Erklärungen. Das Einzige, was Rabenmutter schließlich begreift, ist, dass jeder irgendwann erklärt: »Ich hab gar nix gemacht, das war …« *Rabenmutter unterdrückt ein paar Flüche und beschließt, dass dies der richtige Zeitpunkt für eine umfassende Reform ist.*

»Okay, okay, das reicht. Schluss jetzt. Jedes Mal, wenn ihr zu mir kommt, ist es dasselbe. Langsam kann ich nicht mehr. Und dieses eine Mal in eurem kurzen Leben werde ich euch die Wahrheit sagen.

Seid ihr bereit, meine kleinen Schätzelchen?

Die Wahrheit ist: Es. Ist. Mir. Gleich. Ja, ihr habt richtig gehört! Es ist mir schnurzpiepegal. Ich will gar nicht wissen, wer was nicht gemacht hat.

Da staunt ihr, was? Und wenn wir schon dabei sind, kann ich es euch auch gleich verraten: Ich spreche im Namen aller Eltern. Es ist uns vollkommen gleichgültig, wer was nicht gemacht hat oder wer was weiß ich was für einen Blödsinn erzählt hat. Nicht mal, wenn's blutet. Das einzig Wichtige – ich werde euch jetzt mal sagen, was das einzig Wichtige ist, einmal ist schließlich keinmal –, das einzig Wichtige ist also, dass wir so schnell wie möglich wieder mit unseren dringenden Erwachsenensachen weitermachen können, womit ich meine: unseren Krimi zu lesen. Seht mich nicht so an. Wenn ihr meint, hier sollte erst mal jemand den Haushalt schmeißen, nur zu! Nur, wenn das jetzt nicht gleich aufhört, dann werden ein paar von euch gleich das Handtuch schmeißen. Ihr wisst doch, wenn's Ärger gibt, ab nach Hause!«

Mit einer herrischen Geste wischt Rabenmutter alle Proteste beiseite, dann verteilt sie ein paar Taschentücher an die heftigsten Rotznasen und fährt fort:

»Warum es mich nicht interessiert zu erfahren, wer was nicht gemacht hat? Ich glaub, ich träume! Meint ihr wirklich, die Welt geht unter nur wegen euren blöden Streitereien? Wisst ihr was? In echt sind die so was von uninteressant. Sorry, tut mir wirklich leid, euch das sagen zu müssen, aber eure dummen Geschichten sind so was von langweilig. Ob Till Schweiger bei Vollmond keinen Slip unter seiner Jeans anhat, *das* ist interessant. Ein ›Mitternachtsbad‹ bei *Big Brother,* wenn nur die Männer im Whirlpool sitzen, das ist köstlicher Klatsch. Zur Not könnt ihr mir noch erzählen, dass Paris Hilton ihre Haut mit Kompressen aus Bockwürstchen pflegt, während sie von ihrer Frühjahr/Sommer-Liaison mit Justin Bieber berichtet. Das hat was! Das hat Pepp! Aber zu erfahren, wer wem das kleine rote Plastikauto weggenommen hat, das ja gar nicht wehtut, auch nicht im Gesicht von wem auch immer, das ist, ehrlich gesagt, überhaupt nicht interessant. Und langsam solltet ihr das begreifen.

Wisst ihr, was Descartes gesagt hat? Descartes, der hat sich nämlich nicht nur das ›Cogito‹ ausgedacht. Oh nein. Er ist auch Urheber dieser großartigen Lebensweisheit, auf der die gesamte westliche Philosophie beruht: *Veres sacter isis selba*! Schlechte Neuigkeiten für alle kleinen Heulsusen, die gerne kundtun würden, dass der andere angefangen hat, findet ihr nicht? Sollte man mal drüber nachdenken, Maja.

Und dann der Krieg. Habt ihr eigentlich eine Ahnung, was das ist, Krieg? Kaputte Städte, Leute, denen man wehtut und denen man auch dann noch wehtut, wenn sie ›Stopp‹ sagen. Das ist Krieg. Und warum gibt es Krieg? Weil irgendwelche kleinen Schlauköpfe sich beschweren, dass der andere angefangen hat und dass die anderen dasselbe machen. Deswegen. Am Ende weiß man nicht einmal mehr, worüber man sich eigentlich anfangs aufgeregt hat. Das erinnert euch doch sicher an irgendjemanden, den ihr kennt, oder? Kaputte Häuser, alle McDonald's von der Erdoberfläche verschwunden, zerfetzte Teddybären, ist es das, was ihr wollt? Ah ja, aber heulen! Jetzt tut es euch leid. Das hättet ihr euch mal früher überlegen sollen – Mörderbrut. Wer A sagt, muss auch B sagen. Ach, und bevor ich es vergesse, ihr geht gleich mal zum Kiosk und holt mir eine Flasche Wein. Wie, zu jung? Ihr seid alt genug, um den Erwachsenen auf die Nerven zu gehen, aber zu jung, um für ihre Entspannung zu sorgen? Maja, du nimmst meinen Ausweis.

Danach geht ihr alle nach Hause.

Wie? Ihr habt es begriffen? Ihr macht es auch nie wieder? Ha, aber auch daran hättet ihr vorher denken müssen, meine Süßen. Wie? Das ist ungerecht? Also Descartes, der große Denker, der hat nie gesagt, dass das Leben gerecht wäre. Und wenn der schon nichts davon gesagt hat …

Und für all diejenigen, die jetzt immer noch nicht zufrieden sind, schreibt euch eins hinter die Ohren: Ich war das nicht, ich hab nicht angefangen. Q.E.D.«

Die Kinder verschwinden widerwillig. Rabenmutter ihrerseits nimmt sich vor, ihre Rede in Kopie im Kindergarten und in der Schule zu verteilen, wo es sicher Eltern gibt, die sich das gerne etwas kosten lassen. Dann widmet sie sich erneut ihrem Krimi. Sie hat keine Ahnung, wer der Mörder ist, aber eines weiß sie schon jetzt: Als er klein war, waren es immer die anderen.

Telefon-Terror

Ich hasse Telefone. Schon Freunde anzurufen macht mich krank. Falls ich jemals so einen ganz normalen Brief bekäme, in dem ich aufgefordert würde, eins-acht-null-null-Jippieh anzurufen, um meinen Gewinn von 5000 Euro abzuholen, ganz ohne irgendwelche weiteren Bedingungen, ich bräuchte bestimmt drei Wochen, um mich dazu durchzuringen.

Aber schlimmer noch als telefonieren ist, mit Kindern telefonieren.

Verstehen Sie mich nicht falsch. Ich liebe Kinder. Ich habe selbst zwei davon. Und wenn ich das früher gewusst hätte, hätte ich schon mit 20 angefangen und fünf Stück bekommen. Jahrelang war ich mit Kindern befreundet (vor langer Zeit). Es ist einfach nur die Kombination Kind und Telefon, die mich stört.

Wobei, nein, das stimmt nicht. Es gibt sehr wohl Kinder, bei denen ich so weit gehen würde zu sagen, dass ich gerne mit ihnen telefoniere: mit meinen eigenen.

Ganz im Ernst, man muss schon sehr erfinderisch sein, um mit Knirpsen über das Wetter zu reden. Erstens haben sie am Telefon nichts zu sagen. Und Kinder sind nicht wie Erwachsene, die nichts zu sagen haben: Unsereins macht dann wenigstens Small Talk. Wir reden trotzdem, sie nicht. Nicht genug damit, dass sie nichts zu sagen haben, sie schweigen auch noch. Und zweitens, wenn sie dann doch einmal beschließen, einen Ton hervorzubringen, dann wette ich mit Ihnen, um was Sie wollen, dass es unverständlich sein wird. Un-er-träg-lich!

Wie meinen? Wenn mich das so zur Verzweiflung bringt, dann soll ich doch einfach nicht mit Kindern telefonieren? Ja Moment mal: Habe ich denn jemals darum gebeten, mit einem Kind telefonieren zu dürfen? Das Teuflische an der Sache ist ja, dass es meist die Eltern der kleinen Engel sind, die ihren unschuldigen Opfern diese »Gespräche« aufzwingen.

Eine Bekannte: »Ich will dich gar nicht lange stören, Dingens hat mir gesagt, du hättest ein tolles Rezept für Nudeln in Tomaten-Basilikum-Sauce.«

Rabenmutter: »Äh, ja, also du brauchst vier Tomaten, Knoblauch …«

(Schreie im Hintergrund: »Teleniiiiiieren will! Wihihihillll! Wääääähhhh!«)

Bekannte: »Einen Moment, der Schnuff zieht mich an den Haaren.«

(Bekannte im Hintergrund: »Warte, Schnuff, Mama spricht gerade mit Rabenmutter.« – »Abba ich will! Haben will! Jaaaa! Will!!!!! Huuuuuuuuu!« – »Bitte, Schnuff, du kennst sie ja nicht einmal.« – »Doooch, wohl kenn ich!!!! Wäääääääähhh!«)

Bekannte: »Okay, der Schnuff will dich sprechen. Warte, ich geb ihn dir.«

Hä? Was? Ich will aber gar nicht mit Schnuff telenieren! Außerdem weiß ich nicht einmal mehr seinen Namen. Und was ist jetzt mit meinem Rezept?

Doch zu spät. Die Falle ist zugeschnappt. Am anderen Ende der Leitung ertönt schnaufendes Atmen.

Rabenmutter mit ihrer honigsüßen Alltagsstimme: »Halloho, duuu! Wie geht es uns denn?«

Schnuff: (schnaufende Atemgeräusche)

Rabenmutter: »Geht es dem kleinen Schnuff gut?«

Schnuff: (schnaufende Atemgeräusche)

Rabenmutter: »Mit wem spielst du denn im Kindergarten?«

Schnuff: (Schnaufende Atemgeräusche. Stimme der Mutter im Hintergrund: »Sag Guten Tag, Wilfried-Otto!« Ach ja, genau, das war's: Wilfried-Otto.)

Rabenmutter, die sich sehr, sehr zusammenreißt: »Was spielst du denn am liebsten, Wilfried-Otto?«

W.-O.: Mmmrrrhmmm. Baaabbbrrrrmmmm. (Das unverständliche Grummeln wird von dem Geräusch eines zu Boden fallenden Telefons unterbrochen. Sollte mein Albtraum damit beendet sein? »Oooooh! Hingefallen! Hier, Schätzelein, hier ist das Telefon.« Wohl eher nicht.)

Rabenmutter: »Tüt, tüt. Heißt du gerne Wilfried-Otto, Wilfried-Otto?«

W.-O.: (schnaufende Atemgeräusche)

Rabenmutter: »Weißt du, wenn du weiter so schnaufst, solltest du vielleicht auf Perversling umschulen und einfach mal ein paar Leute anrufen.«

Bekannte: »Wie bitte????«

Ups, genau da liegt das Problem. Nicht einmal herumalbern kann man am anderen Ende der Leitung, weil man nie weiß, wann die Eltern wieder zum Hörer greifen.

Zur Not könnte man ja einfach gar nichts sagen. »Du redest nicht mit mir, du kleiner Mistkerl? Das Spiel kann ich auch.« Und dann, nachdem die Spielregeln feststehen, schweigen, bis Papa oder Mama das Telefon wieder übernehmen. Allerdings könnte ich darauf wetten, dass die Eltern, wenn sie am anderen Ende nicht das vertraute Säuseln hören, das in einem Fragezeichen endet, misstrauisch werden. Und sauer sind. Schließlich soll man ja nicht nur gutmütig mit Schnuff telefonieren, sondern auch noch den Eindruck erwecken, man täte das *gerne*.

Könnte man nicht einfach seinen Krimi laut weiterlesen und an strategisch wichtigen Punkten einen honigsüßen Tonfall einbauen?

»Weißt du, Conroy, Schätzelchen, das Problem ist, dass ich dir in dieser ganzen Sache nicht traue, dudududu?«

(Schnaufende Atemgeräusche)

»Ach ja, Jähäääck?«

(Schnaufende Atemgeräusche)

»Nun ja, dein Problem ist einfach, dass du ein kleiner Hurensohn bist, mein süßer Schnuckiputziiiiii!«

»Wie bitte????«

Äh, ja … auf frischer Tat ertappt, also dann: zurück auf Start.

Was sagst du? Deine Tochter möchte mich unbedingt sprechen, aber nach allem, was ich dir gerade erzählt habe, wagst du nicht … äh … nein, doch, wirklich, kein Problem! Du bist eine Freundin, das ist doch etwas ganz anderes. Und außerdem will ich ja nicht, dass deine Süße sich von der Welt der Erwachsenen ausgeschlossen fühlt, so hart und unerbittlich sie ja eh schon ist. Allerdings nur unter einer Bedingung: Wenn sie nach 15 Sekunden nichts gesagt hat, nimmst du sofort den Hörer wieder an dich. »Hallo? Haaaaaallooooo du???« (Schnaufende Atemgeräusche.) »Na, Süße, wie geht es uns denn????«

Kommt zu den Legionären, hieß es. Da erlebt ihr was, hieß es!

Die wirklich wichtigen Dinge des Lebens

Oh, diese Kinder! Irgendwie zwingen unsere kleinen Lieblinge uns doch immer wieder dazu, unsere Prioritäten richtig zu setzen, oder?

Noch vor wenigen Jahren hätte es für mich das Ende der Welt bedeutet, wenn man mir meinen Wagen gestohlen/ich meinen Job verloren/Schnupfen bekommen/mir einen Nagel abgebrochen hätte oder wenn ich von Außerirdischen entführt worden wäre, um in einem Film mit Rocco Siffredi mitzuspielen. Doch seit ich Kinder habe, bin ich von diesem merkwürdigen Wahn geheilt, irgendetwas anderem als ihrem winzig kleinen, niedlichen Nabel Bedeutung beizumessen.

Dafür sind Kinder wahrhaft prädestiniert. Ihretwegen haben wir einfach keine Energie mehr dafür übrig, an irgendetwas anderes als an sie zu denken. Das muss wohl in der Natur der Dinge liegen.

Ach, die Natur ist schon etwas Wunderbares.

Wobei – so wunderbar das alles auch sein mag, es gibt trotz allem noch eine Priorität, die ihren Platz ganz oben auf meiner Liste nicht eingebüßt hat und die ich auch weiterhin wie eine Löwin verteidigen werde, selbst gegen die liebevoll glänzenden Augen meiner geliebten kleinen Schnuckelchen: meine Haare.

In zwei Worten: Finger weg.

Letztens gab Große Tochter mir einen Kuss. Ich gab ihr auch einen Kuss. Sie umarmte mich ganz fest. Ich umarmte sie ganz fest. Zärtlich tauchte sie ihre zehn Finger in die Tiefen meiner

Haarpracht. Ich kreischte. Mein Kopf zuckte mit der Schnelligkeit einer aufgeschreckten Kobra zurück. Auch wenn eine Kobra
keine Haare hat. Aber Sie wissen, was ich meine: Finger weg!

Denn, meine Freunde, das, was sich da auf meinem Kopf befindet, das sind keine Haare, das ist eine Frisur. Das sind hochge-
steckte Haare und mehr noch, sie sind *kunstvoll* mit allen Haarnadeln *gespickt*, die zu ergattern mir morgens vergönnt war.

Eine wunderbare Erfindung, diese Haarnadeln.

Und das millimetergenau berechnete Ergebnis bildet die perfekte Krönung für mein Gesicht, ganz so, wie ein Woolworth-Bil-
derrahmen die von einem Amateur gemalte Winterlandschaft
(ich habe einen sehr blassen Teint) in erlesener Weise aufwerten
würde.

Also wirklich, werden Sie jetzt sagen. Ein Rahmen von Wool-
worth für das Bild eines Hobbymalers, das ist ja wohl keine große
Kunst. Da muss man nicht sonderlich aufpassen. Nun ja, eben
doch! Es ist nämlich genau andersherum, als Sie denken! Wenn
der Goldrahmen, der ein Bild von Rubens einfasst, einen Kratzer
hat, dann merkt das überhaupt niemand. Während Ihr Amateur-
bild, wenn es nicht allzu billig daherkommen möchte, jede Unterstützung braucht, die Sie ihm bieten können. Ergo: Finger weg.

Okay, Eitelkeit, Stolz, Selbstgefälligkeit, das sind wirklich hässliche Eigenschaften. Doch seit ich Kinder habe, sind meine
Haare alles, was mir im Sinne einer individuellen egoistischen
Bauchnabelschau geblieben ist, und deshalb halte ich auch mit
beiden Händen daran fest.

Oh, Mist, jetzt habe ich meine ganze Frisur durcheinanderge-
bracht.

Pastus horribilis

Ich bin wieder zurück von meinem Seminar, das ich für die Studenten an der Universität gegeben habe. Auf der Hinfahrt, im Bus, habe ich angefangen, für Große Tochter eine Mütze zu stricken, dann habe ich drei Stunden lang den Studenten in politischer Philosophie einen Vortrag über die Vorzüge des Feminismus gehalten, und schließlich, auf der Rückfahrt, habe ich meine Nadeln erneut zur Hand genommen und die Mütze fertiggestrickt. Der Professor meint, ich gehöre zur neuen Generation der Feministinnen. Ich glaube eher, ich habe eine Art Persönlichkeitsspaltung. Nun gut, eigentlich wollte ich nur erzählen, dass ich, als ich das Haus verließ, meinem Mann liebenswürdigerweise die Zahnpastatube mit Pfefferminzgeschmack überlassen habe, da für ihn der Geschmack jener Paste, mit der er seine weißen Perlen poliert, ungeheuer wichtig ist. (Wenn man bedenkt, dass ich zur Uni gefahren bin, um über Feminismus zu reden! Eigentlich hätte ich zur Feier des Tages unsere Zahnpasta mitnehmen müssen!) Stattdessen habe ich mir eine Tube mitgenommen, die seit Ewigkeiten im Badezimmerschrank herumlag. Eine Kinderzahnpastatube.

Mit einem Wort: Igitt! Oder ausführlicher: Ich verstehe wirklich nicht, wieso Zahnpastaproduzenten, die ein dermaßen ekelhaftes Magma herstellen, ihre Zeit nicht vor Gericht verbringen. Die Zahnpasta schmeckt nach Erdbeerkonfitüre. Gibt es wirklich Menschen auf dieser Welt, die verwirrt genug sind, um sich die Zähne mit Erdbeerkonfitüre zu putzen?

Ja, klar, natürlich: Kinder.

Wir sollten den Tatsachen ins Auge blicken: Meist haben unsere kleinen Lieblinge einen grauenhaften Geschmack, sowohl was die Auswahl ihrer Kleidung angeht (man denke nur an die unerklärliche Anziehungskraft von Zuckerwatterosa und Tüll auf kleine Mädchen) wie auch hinsichtlich dessen, was sie sich einverleiben (grauenhaft künstlich schmeckende Bonbons, Schokolade in der Konsistenz von altem Wachs usw.).

Ich stelle mir vor, wie sie Testgruppen zusammenstellen, um die Geschmacksrichtung für die neue Kinderzahnpasta zu bestimmen. Meiner unmaßgeblichen Meinung nach wurden die jugendlichen Kandidaten sicher zuvor über ein geschicktes Kreuzverhör sorgfältig ausgewählt.

Frau von Hohenwindeck: »Was isst du denn so am liebsten, mein Kleiner?«

Junior: »Überrassunns-Eier, Pommes und Gummibärssen.«

Frau von Hohenwindeck: »Hast du da nicht vielleicht noch Chicken Nuggets vergessen?«

Junior: »Jahaaa!!! Sicken Nagetts!!! Kalt, mit Oransensaft!«

Frau von Hohenwindeck: »Ausgezeichnet. (*An die Eltern gewandt*) Es tut mir leid, Herr Dings, Frau Dings, aber Ihr Kind ist leider nicht geeignet, in unsere Zielgruppe aufgenommen zu werden. Unser Kreuzverhör hat nachweislich gezeigt, dass es einen grauenhaften Geschmack hat.«

Junior: »Wääääääähhhhhh!«

Die Eltern: »Oh, Schätzchen, bitte, das ist doch nicht schlimm. Komm, wir gehen und trösten uns mit einem schönen großen Big Mac.«

Natürlich sind das Hirngespinste. Das Durchschnittskind bestimmt, was der Markt für Kinder bereithält, und das Durchschnittskind liebt Ü-Eier und Gummibärchen. Deswegen wird seine Zahnpasta auch in alle Ewigkeit für Erwachsene unge-nießbar sein.

Wobei, umgekehrt gilt dasselbe. Zumindest Große Tochter ver-abscheut unsere Pfefferminzzahnpasta. Das ist auch nicht wei-ter verwunderlich: Wie sollen Wesen, die so grauenhafte Dinge essen wie Austern und Kalbsleber, so fauliges Gebräu trinken wie Kaffee und Rotwein, wie sollen solche Wesen jemals über eine Zahnpasta verfügen, die solch kleinen, zarten Seelen, wie Kinder es nun einmal sind, in irgendeiner Weise zusagen könnte?

Es gibt ihn eben wirklich, den Kulturschock der Generationen. Wobei ihr allerdings gut achtgeben solltet, liebe Kinder, denn der Tag wird kommen, da seid ihr groß, und dann wird die Min-ze euch schon noch einholen.

Kryptomanie

Ich weiß nicht, ob Sie es schon einmal bemerkt haben, aber Kinder sind von Natur aus wahre Meister darin, ihre Spuren zu verwischen. Auf die übliche Frage »Wie war's in der Schule?« müssen sich 99 Prozent der Eltern tagtäglich mit der ebenso üblichen Antwort »Okay« zufriedengeben, während das restliche 1 Prozent mit »Wie immer« einen geradezu ausführlichen Bericht erhält.

Ich glaube, Kinder wissen einfach, dass ihre Eltern am Ende sowieso alles erfahren, und so bemühen sie sich nach Kräften darum, es ihnen möglichst schwer zu machen.

Ich halte mich für ziemlich gewitzt und habe daher auch einen Weg gefunden, um auf Umwegen zu erfahren, was Große Tochter in der Schule erlebt hat. Statt der klassischen Frage versuchte ich es mit: »Was war denn heute dein bester und was dein am wenigsten guter Moment in der Schule?« Nicht einfach, sich da herauszuwinden, oder? Sicher würde Große Tochter mir so wenigstens ein paar klitzekleine Einzelheiten von ihrem Tag preisgeben.

Anfangs funktionierte das auch ganz gut. Doch selbst der Schlaueste findet seinen Meister. Nachdem Große Tochter nun einmal mit dem Rücken zur Wand stand, gelang es ihr, ihre Verschlüsselungstechnik zu einer wahren Kunst auszufeilen. Irgendwann wurde mir nämlich klar, dass ihre Antwort bereits zum 46. Tag in Folge lautete, ihr schönster Moment sei es gewesen, als sie eine Freundin auf dem Schulflur getroffen habe oder dass sie mit ihrer besten Freundin im Bus heimgefahren sei.

Seither habe ich gewissermaßen das Handtuch geworfen. Tagtäglich stelle ich weiterhin dieselbe Frage, doch Große Tochter gibt sich nicht einmal mehr die Mühe, eine echte Antwort vorzutäuschen: »Ich hatte keinen besten oder weniger guten Moment heute, der ganze Tag war gut.« Kein schlechter Ersatz für das anfängliche »Okay«, finden Sie nicht?

Wobei ich ja eigentlich erzählen wollte, dass ich mich gestern einer wahren Verschlüsselungsverschwörung gegenübergesehen habe. Maja (ein Nachbarskind) und Sophie waren zum Spielen zu uns gekommen, als plötzlich Laura, ein weiteres Nachbarskind, klingelte und nach Maja verlangte. Ich war gerade dabei, Baby zu füttern, was mich aber nicht daran gehindert hat, das Gespräch zu belauschen.

Laura: »Maja! Komm mit, wir brauchen dich!«

Maja: »Ich komme!«

Sophie: »NEIN! Geh nicht, Maja!!!!«

Da ich Sophie kenne und weiß, dass sie normalerweise nicht zögern würde, dem Teufel die Augen auszukratzen, wurde ich sofort hellhörig.

Maja, Laura und Große Tochter: »Keine Sorge, Sophie, alles in Ordnung.«

Sophie: »NEIIIIIIIN!«

Rabenmutter: »Alles okay, Kinder?«

Die vier Mädchen im Chor: »Jaaaaaaaaa!«

Natürlich.

Maja geht mit Laura hinaus. Ich meine undeutlich zu hören, wie sie ihre Schwester fragt, wo unser Besen steht (???). Mein Entschluss ist gefasst: Ich gebe Baby ihr Obst, die Nachbarn werden sich schon selbst um ihren Nachwuchs kümmern. Wobei ich allerdings die Hoffnung nicht aufgebe, das Ende der Geschichte zu erfahren.

Einige Minuten später ist Maja zurück.

Rabenmutter, unschuldig: »Alles okay, Maja?«

Maja, unschuldig: »Ja!«

Flüstern im Keller.

Pff, sage ich mir. Sollen sie doch schweigen, ich werde Großer Tochter schon die Würmer aus der Nase ziehen. Da sie sechs Jahre lang Einzelkind war, hat sie die Fähigkeit, der mütterlichen Inquisition zu entgehen, nicht ganz so perfektioniert wie so manch andere. Dachte ich zumindest.

Abends, während ich Baby badete, betrat Große Tochter das Badezimmer, um einem dringenden Bedürfnis nachzukommen. Jetzt oder nie! Mein Zeuge sitzt fest, ich kann ihn hemmungslos befragen.

Rabenmutter: »Warum musste Maja vorhin denn Laura helfen?«

Große Tochter: »Ach, das war wegen dem Rad, das jemand gestohlen hat, sie wollte sehen, wem es gehörte.«

Ich ahne Schreckliches.

Rabenmutter: »Wenn du sagst ›das jemand gestohlen hat‹ ...«

Große Tochter, erschrocken: »Das waren wir doch nicht!«

Mist, ich hätte es mir ja denken können. Große Tochter ist das einzige Kind weit und breit, das das Wort »jemand« korrekt verwendet, indem es den Sprecher ausschließt.

Große Tochter fährt fort: »Es ist ein geklautes Fahrrad und die Mädchen haben es da hingestellt und dann hat Maja so getan als hätte sie sich den Arm gebrochen aber ich habe ihr nicht geglaubt aber dann wollten sie wissen wer es abholen würde.«

Rabenmutter: »Aha, das ist wirklich alles sehr einleuchtend. Aber wem gehört dieses Fahrrad denn nun eigentlich? Und was wollte Maja mit unserem Besen?«

Große Tochter macht ein gequältes Gesicht, sie krümmt sich und blickt zur Tür: »Ach, ich weiß nicht, außerdem bin ich ja nur gekommen, weil ich Kacka machen wollte.«

Rabenmutter: »Das habe ich bemerkt.«

Und schon flitzt Große Tochter hinaus und hinterlässt einen Hauch von … Vermutungen.

Von all diesen Ausflüchten erschöpft, habe ich nicht versucht, mehr darüber zu erfahren.

Doch seit gestern steht der Besen an einer Stelle, die nur ich allein kenne. Jeder, der ihn sich möglicherweise ausleihen möchte, wird einem gnadenlosen Verhör unterworfen.

Dass das mal klar ist: Wir Eltern werden siegen.

Fluor-Grün, ein Moment
der Katharsis

Gnädige Frau steht, gemeinsam mit Baby, die seit dem Morgen ununterbrochen quengelt, im Supermarkt.

Gnädige Frau trägt einen schwarzen Rollkragenpulli, Jeans und Pantoletten, das einzig passende Outfit, wenn sie keine Zeit zum Duschen hatte und ihre Haare auch nach dem Kämmen (mit den Fingern) noch zerzaust sind.

Gnädige Frau meidet den Blick in irgendwelche Spiegel und atmet lang–sam.

Baby trägt ununterbrochen einen Rotzfaden an der Nase, dessen Grün noch nie wirklich modern war. Doch Baby ist Mode gleichgültig. Sie sträubt sich und produziert weiteren Rotz, denn es ist ihr erklärtes Ziel, gnädige Frau in den Ergüssen zu ertränken, die ihrer Nase entweichen. Übrigens ist Baby auf dem besten Weg, ihr Ziel zu erreichen: In Höhe der Schulter ist der Pullover von Gnädiger Frau ein gewissermaßen lebender Beweis dafür, ebenso wie die Jeans in Höhe des Oberschenkels. Beides glitzert, wobei man ahnt, dass es sich dabei wohl nicht um 24 Karat handelt. Gnädige Frau hat es sehr, sehr eilig damit, 1. den Laden zu verlassen, 2. dass Gnädiger Herr nach Hause kommt, und 3. Babys 18. Geburtstag zu feiern.

Ein Verkäufer, der das Durchschnittsalter des Personals sprunghaft auf ungefähr 25 Jahre ansteigen lässt (die 14 anderen sind ungefähr 17 Jahre alt), kommt mit jovialem Gesichtsausdruck auf Gnädige Frau zu. Er wirkt, als hätte er einen wunderbaren Tag. Gnädige Frau verabscheut ihn bereits jetzt.

»Guten Tag, meine Liebe! Wie wäre es mit etwas Süßem für den Nachmittag?«

Gnädige Frau wirft einen Blick auf die Honigprodukte in der Auslage, auf die der Angestellte zeigt. Sie weiß, wenn sie probiert, wird 1. ein Teil davon in ihren Haaren landen, sie hat keine Ahnung, wie, aber sie ist sich sicher, dass es so kommen wird; 2. ein Teil davon in Babys Haaren landen, sie hat keine Ahnung, wie, aber sie ist sich sicher, dass es so kommen wird; 3. ihre Hand im Gesicht des Angestellten landen, sie hat keine Ahnung, wie, aber sie ist sich absolut sicher, dass es so kommen wird.

»Nein, danke.«

Sie deutet das Lächeln eines Menschen an, der soeben in eine Zitrone gebissen hat, und will weitergehen. Doch der Angestellte, der offensichtlich eine Vorliebe für ungepflegte Damen und rotznasige Blagen hat, ist noch längst nicht fertig mit ihr.

»Oh, das kleine Schatzilein, wie geht es denn unserem kleinen Schnuckiputzi?«

»Schlecht.«

»Oh, geht es ihm schlecht, dem kleinen Schnuckiputzi?«

»Ja.«

»Mag es denn etwas Süßes für sein Schnullerchen, das Schnuckiputzi?«

»NEIN.«

»Es bekommt nichts Süßes?«

»NEIN.«

Der Tonfall von Gnädiger Frau ist absolut eindeutig, übersetzt heißt er: »Lass Schnuckiputzi in Ruhe, schließlich bezahlst du ja auch nicht ihre Zahnarztrechnungen.«

Der Angestellte geht auf Schnuckiputzi zu.

»Na, mein kleines Schnuckiputzi, hast du ein großes Aua? Mama sagt, du hast ein ganz großes Aua, du kleines Schnuckiputzilein.« Nachdem Schnuckiputzi die Person einige Sekunden angestarrt hat, ist sein Urteil gefällt:

»Wäääääääääääääääääähhhhhhhhhhh!!!!!!«

Der Angestellte weicht zurück und murmelt leicht ernüchtert: »Oh, tatsächlich, ja, es geht ihm nicht gut.«

Gnädige Frau at-met-tief-durch. Sie nimmt Baby aus dem Körbchen und legt sie dem angestellten Spaßvogel in den Arm.

»Geh mal zu dem Herrn, mein Schatz. Er möchte dir gerne etwas Süßes geben, und warum eigentlich nicht?«

In den Armen des Angestellten brüllt Baby zum Herzerweichen, und der erschrockene Mann gibt sie Gnädiger Frau überstürzt zurück. Allerdings nicht überstürzt genug, um zu verhindern, dass ein langer Rotzfaden auf seinem weißen Kittel kleben bleibt, ein grünlicher Glibber, der niemals in irgendeiner Weise mit seinen Honigprodukten harmonieren wird.

»Oh Gott, das tut mir aber leid. Baby war heute wohl nicht zu Süßigkeiten aufgelegt. Dann also bis zum nächsten Mal.«

Doch der Angestellte hört Gnädige Frau nicht, er reibt energisch über die glitzernde Stelle auf seinem weißen Kittel und murmelt etwas, das sehr nach Schimpfwörtern klingt. Doch da hat Gnädige Frau sich bestimmt verhört.

Sie entfernt sich mit Baby, die äußerst erleichtert darüber ist, wieder auf Mamas Arm sein zu dürfen, und folgerichtig sogleich beschließt, sich nun auch besser zu benehmen, damit sie nicht am Ende noch in einem Weidenkörbchen auf den Kirchenstufen landet. Und was Gnädige Frau angeht, der geht es schon viel besser, danke der Nachfrage.

Apropos schwanger ...

Was gibt's Neues, Doc?

Rabenmutter – zu diesem Zeitpunkt mit ihrem zweiten Kind schwanger – hat einen Frauenarzttermin.

»Lieber Herr Doktor, könnten Sie mir in Ihrer großen Weisheit bitte sagen, ob ich während meiner Schwangerschaft Kaffee trinken darf?«

»Ja, meine Liebe. Ihre morgendliche Tasse Kaffee wird dem Verlauf Ihrer göttlichen Bestimmung keineswegs schaden.«

»O, großer Priester des Uterus, darf ich während meiner Schwangerschaft denn auch irgendetwas anderes als Kaffee trinken? So etwas wie ... Sie wissen schon ... Griechischer Wein, und wenn ich dann traurig werde ...«

»Sie kleines Luder! Hören Sie auf, mich mit Ihren großen Augen so anzuschauen, Sie bringen ja einen Eisberg zum Schmelzen.«

»Großer Imam der Plazenta, Ihr wisst doch, wie das ist: Heutzutage schmelzen die armen Eisberge schon ganz von allein.«

»Hm, ja, das stimmt. Aber um auf Eure Frage zurückzukommen, o fruchtbares Weib, ich nehme an, Ihr spracht von Alkohol, nicht wahr?«

»Jepp.«

»Nun, so muss ich sagen, dieses Rauschmittel ist strengstens untersagt. Allerstrengstens.«

»Allerstrengstens?«

»Gut, wenn Ihr es wirklich wissen wollt, dann werde ich Euch die ganze Wahrheit sagen. Es kommt gelegentlich vor, dass meine Kolleginnen, sofern sie selbst schwanger sind, dabei ein Auge zudrücken.«

»Nein! Oder?«

»Hmm, doch. Ein kleines Gläschen von Zeit zu Zeit. Glaubt nicht, sie würden es zugeben, doch ich habe sie gesehen, jede Einzelne von ihnen, noch dazu mit meinen eigenen persönlichen Augen. Einem kleinen Gläschen Sherry hat bisher noch keine widerstehen können.«

»Ich ahne ein ›aber‹.«

»Aber …«

»Ich wusste es.«

»Aber in den ersten drei Monaten gilt: Du sollst keinen Alkohol zu dir nehmen.«

»Aber wissen Sie, wenn ich schon trinke, dann würde ich das lieber in den ersten drei Monaten tun, wenn man es noch nicht so sieht. Später wird mein Körper alle Anzeichen für meinen sakralen Zustand erkennen lassen, der Anblick meines lebensgebärenden Leibes wird, in Kombination mit einem Glas Wein, die öffentliche Ächtung provozieren. Das ängstigt mich.«

»Sie sollten noch viel verängstigter sein angesichts der Auswirkungen, die bereits wenige Tropfen des verbotenen Nektars auf den Schädelumfang Ihres Nachwuchses haben könnten, des ehelichen ebenso wie des übrigen.«

»Gut, o Spion meines Innersten, ich werde Euch gehorchen. Die ersten drei Monate kein bisschen was von gar nichts Schädlichem.«

»Sehr gut.«

»Sushi?«

»Nein danke.«

»Ich meine: Darf ich während meiner Schwangerschaft Sushi essen?«

»Ach so! Nein, keinesfalls!«

»Keinesfalls?«

»Keinesfalls! Darauf muss ich mit Nachdruck bestehen. Roher Fisch könnte vehemente Hysteriden enthalten, die zu einer Übersynchrosion des embryonalen Entwicklungsstandes führen und die vertektalen Funktionen Ihres Kindes dauerhaft toxieren könnten. Äußerst gefährlich.«

»Und die Wahrscheinlichkeit einer solchen embryonalen Übersynchrosion liegen bei wie viel Prozent?«

»Oh, die Wahrscheinlichkeit ist mit bloßem Auge keineswegs erkennbar, doch wer würde schon gerne ein solches Risiko eingehen, es geht schließlich um Ihr überaus-geliebtes-und-völlig-wehrloses-Baby, nicht wahr?«

»Und was machen die Japanerinnen?«

»… ?«

»Danke, Doc, für dieses überaus erhellende Gespräch. Sayonara.«

Nieder mit dem Schleimpfropf!

Ich bin gegen den Schleimpfropf.

Ich höre schon den Chor der Frauenstimmen, der sich rings um mich erhebt: »Also wirklich, Rabenmutter, wie kann man denn gegen den Schleimpfropf sein? Es gibt ihn nun einmal, das ist eine Tatsache ... Das ist so, als würden Sie sagen, Sie sind gegen – ach, keine Ahnung?! – gegen Zähne!«

Zum Ersten: Wer sagt Ihnen denn, dass ich nicht gegen Zähne bin? Und zum Zweiten habe ich schlechte Neuigkeiten für Sie. Ihre Reaktion zeigt mir, dass auch Sie Opfer der Schleimpfropf-verschwörung sind.

Und überhaupt, was ist das eigentlich, ein Schleimpfropf? (Das sind die anderen Stimmen, die des Männerchors, der sich zwar eigentlich zuallererst erhoben hatte, um genau diese Frage zu stellen, den ich aber absichtlich überhört habe.) Nun, also, der Schleimpfropf, sehr verehrte Damen und Herren, das ist nicht nur eine Riesenmenge rotziger Schleim, der während der Schwangerschaft den Eingang zur Gebärmutter versperrt, sondern das ist auch und vor allem ein schlechter Schwanger-schaftswitz. Denn die Schwangerschaftstradition besagt, dass sobald dieser Schleimpfropf sich verabschiedet, dies angeblich bedeuten soll, dass das Kind unverzüglich, also in Kürze, kom-men wird.

Hahahaha, dass ich nicht lache!

Stellen Sie sich vor, Sie sind schwanger, und zwar so richtig, das heißt von den Knien bis zur Halskrause. Nach acht Monaten, also drei Vierteln Ihrer Schwangerschaft, sind Sie gewissermaßen gelähmt, und der einzige Zeitvertreib, der Ihnen noch bleibt, ist das Solitaire-Spiel auf Ihrem Computer. Sie haben es satt, Solitaire auf dem Computer zu spielen.

Doch nein, stimmt ja, Sie haben noch einen weiteren Zeitvertreib, der darin besteht, alle vier Minuten auf die Toilette zu rennen, um dort drei oder vier Tropfen Pipi loszuwerden. Maximal fünf. Im Verlauf Ihrer Schwangerschaft hat sich Ihr Bauch nämlich in einen Schulhof mit einem schwerwiegenden Mobbingproblem verwandelt: Ihr Tyrannen-Baby macht sich einen Spaß daraus, Ihre Blase zu quälen. Vor Angst hat diese sich inzwischen ganz klein gemacht, sie quetscht sich in das letzte stille Örtchen, das ihr noch bleibt, und lässt ihren ganzen Frust an Ihnen aus, indem sie nun Sie zwingt, ebenfalls ständig auf ein stilles Örtchen zu rennen. Alle vier Minuten. Für so gut wie nichts.

Kurz, jedes Mal, wenn Sie ein paar Karten in Ihrem verfluchten Solitaire-Spiel umgedreht haben, rennen Sie auf die Toilette.

Und dann, eines Tages, treffen Sie, meine sehr verehrten Damen ~~und Herren~~, auf den Schleimpfropf.

Gut, ja, es ist eine dicke Masse rotziger Schleim, es ist ekelhaft, doch da Sie ja alle Bücher gelesen und alle Fotos im Internet angeschaut haben (ja, ja!), wissen Sie, was das bedeutet: »Der Schleimpfropf löst sich einige Stunden oder Tage vor Einsetzen der Wehen.« Einsetzen der Wehen! Es geht los! Freiheit!!!!

Schon der Name allein macht Sie glücklich. Ein Pfropf! Woran erinnert Sie das? An einen Stöpsel, einen Korken, jawohl. Und was macht man, wenn ein Korken knallt? Man trinkt Champagner, was sonst? Ihr Korken hat geknallt, Baby kann sich vor Freude kaum noch halten, es wird seinen Spielplatz, der inzwischen viel zu klein geworden ist, verlassen und von nun an einfach bei den Großen mitspielen. In jedem Fall irgendwo anders als in Ihrem Bauch. Adieu, Solitaire! Adieu, ständiges Pipi!

Sie rufen Ihren Mann an (»Was ist das, ein Schleimpfropf? Ach so? Ach ja. Wunderbar, mein Schatz. Oder?«). Sie rufen Ihre Freundinnen an, Ihre Mutter (»Wie? Du hast deinen Schleimpfropf verloren? SU-PER! Ich hoffe, du hast deinen Koffer gepackt. Als ich meinen verloren hab, war ich drei Stunden später im Kreißsaal.«) Sie frohlocken. Sie packen Ihren Koffer.

Sie warten.

Und warten.

Und warten weiter.

Und weiter.

13 Tage Computer-Solitaire und 400 Toilettengänge später befinden Sie sich im Kreißsaal. Das Baby ist übertragen, die Geburt muss eingeleitet werden.

Genauso gut hätten Sie in Ihrem Schleimpfropf-der-normalerweise-ein-paar-Stunden-oder-Tage-vor-Einsetzen-der-Wehen-abgeht die Zukunft lesen oder ihn dazu benutzen können, die Lottozahlen vorherzusagen. Das Ergebnis wäre höchstwahrscheinlich zuverlässiger gewesen.

Ja, man kann durchaus gegen den Schleimpfropf sein. Der Schleimpfropf ist ein Verräter. Mein Tipp? Wenn Sie ihm das nächste Mal begegnen, zeigen Sie kein Erbarmen. Drücken Sie die Spülung und werfen Sie keinen Blick zurück.

Das ist wirklich alles, was er verdient.

Wissen ist Macht

Zwar ist es nicht in aller Munde, aber es liegt im Trend. Sie wissen schon, das letzte große Tabu, jenes, das Naserümpfen und den Rücktritt von Vorstandsvorsitzenden hervorruft.

Ja, ja, genau, ich spreche vom Kicki. (Es ist dermaßen tabu, dass ich, Sie werden mir verzeihen, die »a« durch »i« ersetzt habe.)

Es ist schon verrückt. Man kann über alles reden, über Vibratoren und Diktatoren, über Masochisten und ihre Sadisten, man kann über den Holocaust und sogar Micky Maus diskutieren, doch was das Kicki angeht, da heißt es Omertá.

Ich spreche hier nicht vom Babykicki, nein. Im Gegensatz zu jedem anderen hat das absolut nichts Heimliches an sich. Jedes Buch, das sich mit der Aufzucht unserer Sprösslinge befasst, wird sich auch lang und breit über die Farbe ihres Kickis auslassen, seine Konsistenz, die tägliche Menge und sein Windelgewicht, das davon abhängt, was sie gegessen oder getrunken oder welche *Teletubbies*-Folge sie am Vorabend gesehen haben. Uns bleibt nichts erspart.

Wir Mütter allerdings, wir machen die Erfahrung eines wirklich tabuisierten Kicki. Ich spreche von dem heimlichen, beschämenden Kicki, auf das uns kein einziges dieser heuchlerischen Bücher hinweist, die uns ständig auffordern, unseren Schmerz anzunehmen, auf den wir dank genau dieser Bücher auch gut vorbereitet wurden: Ich spreche vom Wehenkicki!

Leugnen ist zwecklos, wir haben es alle hinter uns. Sie wissen doch auch noch, wie es war: Sie liegen im Kreißsaal, haben wie eine Irre stundenlang gepresst, Sie können den gesegneten Moment kaum noch erwarten, in dem die Schwester kommt und Ihren Gebärmutterhals befummelt, um dann endlich, endlich zu erklären, dass Sie »so weit« sind. »Pressen Sie, pressen!!!!« Sie warten, Sie leiden, Sie jubeln, alles nacheinander, alles durcheinander und alles zugleich, und plötzlich müssen Sie. So richtig! Und genau das ist der Moment, in dem Sie die *Twilight Zone* betreten.

Sie: »Schwester, äh, ich glaube, ich muss mal.«

Die Schwester schaut Sie mit einem heimtückischen Lächeln an: »Oh, oh, ich werde Sie mal untersuchen.«

Sie untersuchen? Warum denn? Sie müssen doch nur mal! Die Sache ist nämlich die: In der wahnwitzigen Vorstellungswelt der Schwestern auf der Entbindungsstation muss man nie einfach mal so. Die Schwester kämpft denselben Kampf wie Freud: Ob Sie wollen oder nicht, hinter jedem Ihrer Verlangen steckt immer irgendetwas anderes. »Sie müssen mal Kicki? Aber nein, meine Liebe, davon verstehen Sie nichts. Sie müssen nicht Kicki, Sie wollen nur ganz unbedingt ganz stark drücken, um Ihr süßes kleines rosarotes Baby auszuspucken.« Ach ja? Ach so.

Also drücken Sie. Es stimmt ja auch, Sie wünschen sich ein süßes kleines rosarotes Baby. Und dann … Mein Gott. Das Unaussprechliche. Sie versuchen, sich zu beherrschen, aber haben Sie je versucht, durch das eine Nasenloch einzuatmen, während Sie gerade durch das andere ausatmen?

Ein erschrockener Blick auf Ihren Mann, der ja ebenfalls das süße kleine rosarote Baby erwartet. Sie sehen, dass er es sieht. Alles. Er beeilt sich zwar, schnell woanders hinzublicken, doch zu spät. »Das ist das Ende meiner Ehe«, denken Sie und versinken in Scham und Elend. Und plötzlich ist Ihnen auch klar, warum man in der guten alten Zeit so sehr darauf geachtet hat, dass die Männer nur ja nicht den Kreißsaal betraten.

Die Schwester ihrerseits wischt Ihnen den Popo ab, als wäre das völlig normal.

Sie: »Ich ... es tut mir leid. Bitte verzeihen Sie! Wirklich, ich ...«

Die Schwester verfällt in den leicht verächtlichen Tonfall, der gegenüber einer Anfängerin, wie Sie es sind, angemessen scheint: »Alles okay, das ist immer so.«

Ach ja? Ach so????

Oh ja, meine Freunde. Das ist immer so. Es ist immer so, aber niemand hat es uns gesagt.

Bei meiner zweiten Geburt war ich vorbereitet. Ich habe gedrückt, es gab Kollateralschäden, aber ich habe der Schwester ganz locker erklärt: »Das ist ja schließlich immer so, nicht?« Seufzend hat sie mir geantwortet: »Ja, bei mir war es auch so, bei allen drei Geburten. Ich frage mich nur, warum einem das niemand erzählt.«

Nun gut, das wäre jetzt erledigt. Gemeinsam haben wir die Omertá gelüftet. Jetzt können auch Sie fröhlich mit der Schwester witzeln, wenn diese Ihnen den Po abwischt, nachdem sie Ihrem Kicki live und in Farbe beigewohnt hat.

....

Das Elend mit dem Beckenboden

....

Offener Brief an unsere Weitwegfreunde

Liebe Weitwegfreunde,

leider war ich letzten Sommer so sehr mit der goldenen Stimme Eures singenden Wauwaus beschäftigt, dass ich völlig vergessen habe, mit Euch über den Beckenboden zu sprechen (siehe »Die Abenteuer eines singenden Hundes«, Seite 150). Sie wissen doch ... der Beckenboden.

Ich sage zwar »Sie wissen doch, der Beckenboden«, dabei war ich selbst diesbezüglich immer ein wenig verwirrt. Also der Beckenboden ist ein Muskel in der Slip-Gegend, den jeder Mensch besitzt (ich habe das nicht überprüft, aber so wird es zumindest in höheren Sphären behauptet). Und dieser Beckenboden ist – und dafür gebührt ihm alle Ehre – unser natürlicher Verbündeter, der uns dabei hilft, unser Pipi zurückzuhalten, indem er seine Geliebte, die Blase, selbst in den allerwidrigsten Situationen tatkräftig unterstützt. (Beispiel: Sie müssen dringend und seit über zwei Stunden Pipi, doch leider befinden Sie sich in einer anregenden Sportdiskussion – das ist mir persönlich zwar noch nie passiert, aber wer bin ich schon, mir darüber ein Urteil zu erlauben?) Sicherlich werden Sie einsehen, dass ein Versagen des Beckenbodens dramatische Folgen hätte, denn auch die Blase würde sogleich ihre Kündigung einreichen: Sie wäre dann völlig frei und könnte sich gehen lassen, ohne sich weiter darum zu kümmern, ob Sie Ihr Höschen nass machen, obwohl

Sie sich zum Beispiel gerade in einem Vorstellungsgespräch befinden.

Ich persönlich habe mich, bevor ich schwanger wurde, nie wirklich mit dem Beckenboden beschäftigen müssen. Doch nachdem unsere legalisierte Liebe nun einmal angefangen hatte, in meinem zum Tempel geweihten Körper Früchte zu tragen, überzeugten mich gewisse Lektüren davon, mich allmählich, ganz diskret, mit diesem Organ zu befassen.

Wie Sie bald feststellen werden, meine lieben Weitwegfreunde, war dies ein gefährliches, um nicht zu sagen nutzloses Unterfangen.

Man empfahl mir eindringlich, »vorgeburtliche Beckenbodenübungen« zu machen. Das heißt, ich sollte den mittleren Muskel sechs Stunden täglich ungefähr 500 Mal pro Stunde kräftig anspannen unter dem Vorwand, diesen damit wundersam zu kräftigen, bevor unsere Erben sich schnaufend ihren Weg daran vorbeibahnen. Und er sollte nicht nur angespannt werden, sondern zudem auch noch massiert. Meinen Beckenboden massieren? Ich weiß ja noch nicht einmal genau, wo sich mein G-Punkt befindet!

Nachdem ich die Massage schneller wieder verworfen hatte, als es braucht, um »Mandelöl« auszusprechen, habe ich das Anspannen allerdings ausprobiert. Lassen Sie es sich gesagt sein: Es ist ermüdend. Probieren Sie es einfach mal aus, nur so zum Spaß. Los, seien Sie kein Spielverderber: alle zusammen, ungefähr 20 Mal. Einatmen – anspannen – loslassen! Einatmen – anspannen – loslassen! Sehen Sie, das ist gar nicht so einfach. Und wenn man dann beschließt, die morgendliche U-Bahn-Fahrt dafür zu nutzen, die besagten Übungen in aller Diskretion durchzuführen, dann muss man feststellen, dass man in Gedanken ganz und gar mit diesen niederen Pflichten beschäftigt ist. Unser Blick erinnert dann gewissermaßen an den eines Zombies, die Leute um uns herum fürchten plötzlich einen Terroranschlag, und zu allem Überfluss erwachen wir auch erst fünf U-Bahn-Stationen zu spät aus unserer Trance. Und all das nur, damit die Geburt diesen verflixten Beckenboden am Ende sowieso völlig ruiniert.

Kurz gesagt: Ich habe den Kreißsaal zwei Mal mit einem Amateur-Beckenboden betreten. Und falls er gelitten haben sollte, dann ganz gewiss nicht so sehr wie ich.

Eigentlich hatte ich angenommen, dass ich meinen Beckenboden damit erneut in das Reich des Vergessens schicken könnte, doch für die frischgebackene Mutter, die ich war, ging der Kampf weiter. Die Mobilisierungsaufforderungen wurden nur noch drängender. »Nach der Geburt ist das Schlüsselwort kräftigen, kräftigen und noch mal kräftigen«, so stand es in glühenden Buchstaben in allen Referenzwerken zu lesen. »Ach ja?«, hätte ich am liebsten geantwortet, »noch mal kräftigen – und was, wenn nicht? Dann zeigen Sie mich an?« »Aber nein, armes Dummchen. Ansonsten erschlafft dein Perineum, und du fängst an, überall ohne Vorwarnung zu urinieren.« Man warnte mich vor all dem, worum ich mich nie zuvor gekümmert hatte: Wenn ich meinen desertierenden Beckenboden nicht ordnungsgemäß wiederaufbaute, dann liefe ich Gefahr, bei jedem Niesen, jedem Lachen, beim Sport und selbst beim Sex von unvorhergesehenen Pipiattacken unterbrochen zu werden.

Pfff. Also wirklich. Wen wollen die hier eigentlich für dumm verkaufen?

Ich beschloss, von einer aufmüpfigen Energiewelle getragen, dass mir mein Beckenboden völlig schnurzpiepegal war. Schließlich war es ja wohl kaum so, dass irgendwelche Besucher darauf eine Staubschicht entdecken könnten. Und außerdem befinden wir uns im dritten Jahrtausend, verdammt. Wenn die Abnutzung meines Beckenbodens mir Sorgen bereiten sollte, dann bräuchte man an seiner Stelle ja einfach nur ein schönes neues Laminat einzusetzen, so eines mit Kirschholzmaserung, wasserabweisend, das sich mit einem weichen Tuch leicht reinigen lässt und weder gewachst noch poliert werden muss (oder nur hin und wieder, wenn man Rabenvater Glauben schenkt).

Kurz, mein Beckenboden hat das ganz allein geschafft. Oh, natürlich, ich hatte durchaus die eine oder andere Episode »huch, ich habe geniest und brauche nicht nur ein Taschentuch«, aber das ist ja schließlich normal, nicht wahr? Wir werden doch aus einer Mücke keinen Elefanten machen.

Das ist normal.

Gut, das war ja ganz lustig, aber das ist nicht alles im Leben. Ich muss wieder an die Arbeit. Also sage ich Euch Auf Wiedersehen und – wie bitte? Warum ich Euch vom Beckenboden erzählt habe, liebe Weitwegfreunde? Ach ja, ich vergaß.

Ich wollte Euch nur sagen, dass ich letzten Sommer Pipi auf Euer Trampolin gemacht habe.

Babys lieben und trotzdem weiterleben

....

1001 Witze für frischgebackene Eltern

Ich habe ein paar gute Witzbücher zu Hause. Witzbücher für Eltern. Sie heißen *Mein Kind: Ich erwarte ein Kind und ziehe es groß* und *Mit Kindern besser leben – von der Geburt bis zum zweiten Lebensjahr*. Niemand würde aufs Erste vermuten, dass es sich dabei um lustige Bücher handelt, und doch ... Eine wahre Schatzkiste für Witze.

Ich habe nur wenig Zeit, solange Baby schläft, um mit Ihnen darüber zu sprechen, aber hier kommen die drei besten Witze:

1. »Ihr Neugeborenes kann sich nicht absichtlich wach halten, und wenn es eingeschlafen ist, lässt es sich durch nichts stören, bis es völlig ausgeschlafen ist.«

Die Eltern unter Ihnen liegen bereits am Boden vor Lachen. In Wirklichkeit weiß selbst der unerfahrenste Erzeuger sehr wohl, dass ein müdes Baby nur schläft, wenn es Lust dazu hat (das heißt im äußersten Notfall, kurz bevor man sich anschickt, es in die Mülltonne zu legen – die vor der Haustür). Und alle guten Eltern wissen auch, dass müde Babys, sobald es Schlafenszeit ist, über eine schier unendliche Anzahl von Foltertechniken für ihre Eltern verfügen. Die grausamste Waffe in ihrem Arsenal wird von Spezialisten (also von mir) auch als »Zombieeffekt« bezeichnet. Der »Zombieeffekt« besteht für Baby darin, so zu tun, als würde sie schlafen, nur um plötzlich die Augen aufzureißen, sobald man sie in ihr Bettchen legt. Der Schreck, der Papa oder Mama in diesem Moment durch die Glieder fährt, ähnelt dem Gefühl, wenn plötzlich mitten in einem Horrorfilm ein Zombie erwacht. Und der Zombie hat dabei nicht einmal eine volle Windel!

2. »Der Schleimpfropf wird vor oder während der ersten Wehen aus der Scheide ausgestoßen.«

Ich weiß, ich habe Ihnen meinen Hass auf den Schleimpfropf bereits gestanden. Doch dieser unerträgliche Schwindel kann einen so wütend machen, dass ich noch einmal darauf zurückkommen muss: Der Schleimpfropf ist in keiner Weise glaubwürdig, er macht schlicht und einfach, was er will! Wenn Sie den Zeitpunkt der Geburt vorhersagen möchten, können Sie genauso gut in Ihrem Kaffeesatz lesen.

Ein Handwerkerfreund von Rabenvater hat mich einmal gefragt: »Kann man den Schleimpfropf wieder einsetzen, wenn er einmal abgegangen ist?« Antwort: Wer es wagen sollte, das bei mir auszuprobieren, den beiße ich!

3. Die Goldene Palme für das beste Mittel gegen Trübsal jeglicher Art verdient diese Erklärung: »Durch das Stillen werden Ihre Brüste nicht verformt. Sie werden erst groß und hinterher wieder kleiner, doch wenn die Stillzeit vorbei ist, erhalten sie nach und nach wieder ihre ursprüngliche Form.«

Nach und nach, also ungefähr in drei oder vier Jahren. Oder auch nie, ha, ha, ha!

Da hält man sich die Seiten vor Lachen, nicht wahr? Wie damals, als ich aus einer Ankleidekabine kam, ein paar Wochen nachdem ich mit dem Stillen aufgehört hatte, um festzustellen, dass ich aussehe wie eine Sechsjährige, die den Pullover ihrer

Mutter anprobiert. Oh ja, das war lustig. Sogar die Verkäuferin hat sich totgelacht.

Und wenn Sie es genau wissen wollen, selbst in dem Oberteil meines gepolsterten Badeanzugs ist noch Platz. Hi, hi, hi! Hmmm.

All denen, die wie ich nach Ende der Stillzeit festgestellt haben, dass auch Bretter Gefühle haben, widme ich daher diese nostalgische Klage:

Nikolaus auf deinem Schlitten,
Bitte, wo sind meine Titten?
War'n mal hier, nun sind sie fort,
Mein Dekolleté schreit laut nach Mord!

Schlaf, &*$%#@, schlaf

Baby ist müde. Geschafft. Sie ist um fünf Uhr morgens aufgewacht, hat um acht Uhr einen winzigen Embryonalschlaf gehalten (sehr kurz, sie musste schnell eine Windel füllen), und nun ist es zehn Uhr. Sie kann nicht mehr, und das sieht man.

Ich nehme sie auf den Arm, setze mich ins Halbdunkel in ihr Zimmer und fange an, sie sanft zu wiegen. Baby, die sich vor knapp 30 Sekunden vor Müdigkeit kaum noch halten konnte, fixiert mich nun mit untertassengroß aufgerissenen Augen. Spöttisch.

Während ich ein Schlaflied anstimme, singen unsere Blicke ein ganz anderes Lied:

Schlaf, Kindchen, schlaf (*Rabenmutter:* »Du bist müde, Schatz, schlaf jetzt«),

Der Vater hüt die Schaf (*Baby:* »Ich bin ja gerne bereit, ein gewisses Müdigkeitslevel einzugestehen«),

Die Mutter schüttelt's Bäumelein (*Rabenmutter:* »Aber nicht zu schlafen?«),

Da fällt herab ein Träumelein (*Baby:* »Was hältst du davon?«),

Schlaf, Kindlein, schlaf (*Rabenmutter:* »Sei vernünftig. Wenn du erst einmal geschlafen hast, hast du auch gleich wieder viel bessere Laune«),

Schlaf, Kindlein, schlaf (*Baby:* »Wie kommst du denn darauf, dass ich gerne gute Laune hätte?«),

Am Himmel zieh'n die Schaf (*Rabenmutter:* »Hm. Gut. Also hör zu: Du willst vielleicht nicht schlafen, aber für mich ist es wichtig, dass du jetzt schläfst«),

Die Sternlein sind die Lämmerlein (*Baby:* »Ooooh! Schau mal, hast du das Plakat da an der Wand schon gesehen? Wer hat das denn da aufgehängt?«),

Der Mond, der ist das Schäferlein (*Rabenmutter:* »Hast du gehört? MIR IST ES WIRKLICH WICHTIG, DASS DU JETZT SCHLÄFST!!! Wirklich. Wichtig. Dass du schläfst«),

Schlaf, Kindlein, schlaf (*Baby:* »Gut. Okay. Ich werde schlafen. Aber nur, weil du so schrecklich pathetisch bist «),

Schlaf, Kindlein, schlaf (*Rabenmutter hält die Luft an*),

So schenk ich dir ein Schaf (*Baby:* »Chrrrrr«),

Mit einer gold'nen Schelle fein (*Rabenmutter:* »Jipppiehhh! Geschafft, ich habe sie überlistet! Ätschibätsch! Los, ab ins Bett, mein Schäfchen. Deine Mutter mag ja pathetisch sein, aber sie hat es trotz allem geschafft. Juchhuuuu«),

Das soll dein Spielgeselle sein,

Schlaf, Kindlein, schlaf.

Ich erhebe mich vorsichtig, genieße das tiefe und regelmäßige Atmen von Kleinem Liebling zwei. Zehn Minuten ernsthafte Lektüre und dann, Lawrence Block, gehöre ich dir. (Außerdem bin ich kurz davor zu erraten, wer der Mörder ist.)

Vorsichtig lege ich Baby in ihr Bett. Sie starrt mich mit untertassengroß aufgerissenen Augen an. Spöttisch. *Du hast wohl gedacht, dass du mich überlistet hättest, was? Aber ich habe gewonnen. Hörst du? Ich habe gewonnen.*

Ich glaube, ich werde meine Baby-Einschläferungsmethode mit dem Schaukelstuhl noch einmal überdenken. Ich hatte mich dafür entschieden, weil ich die Ruhe dieser ersten Jahre, die so schnell vorübergehen, gerne genießen wollte. Allerdings glaube ich nicht, dass ich diese Verachtung noch sehr viel länger ertragen kann.

Ferien auf Kuba (Guantanamo)

Haben Sie jemals in irgendeiner Weise an der Aufrichtigkeit jener Eltern gezweifelt, die einstimmig erklären, es wäre ihnen tausendmal lieber, wenn sie an Stelle ihrer Kinder selbst krank wären? Nun, glauben Sie mir: Das stimmt hundertprozentig. Gerade eben hat Baby einen dicken Schnupfen, und ich kann Ihnen gar nicht sagen, was ich dafür gäbe, an ihrer Stelle zu sein. Nein, wirklich, im Ernst: Wir Erwachsenen, wir wissen eine Krankheit doch wenigstens anständig zu schätzen. Ein dicker Schnupfen? Ab ins Bett, unter die Daunendecke. Ziel: den ganzen Tag vor sich hin dösen, hin und wieder ächzen und stöhnen, um kundzutun, dass es einem wirklich sehr, sehr schlecht geht. Sich verwöhnen, aber nicht belagern lassen. Aus der Ferne rücksichtsvolles Flüstern hören (»Komm, wir lassen Mama in Ruhe, sie ist krank«). Gelegentlich die Nachttischlampe einschalten und heimlich zwei oder drei Seiten in unserem Krimi lesen. Um nicht aus der Übung zu kommen, sich bis ins Badezimmer schleppen und dann ewig im heißen Badewasser liegen. Darin einschlafen. Und sich schließlich in aller Legitimität der wohltuenden Benommenheit der königlichsten aller Drogen hingeben: dem Grippostad.

Kinder dagegen wissen nicht, wie man krank ist. Und am allerschlimmsten sind Babys.

Ein krankes Baby benimmt sich wie ein Gefangener in Guantanamo: Es weiß, dass es im Gefängnis sitzt, wobei es schwören könnte, dass es keinen einzigen rechtmäßigen Grund dafür gibt, es hier festzuhalten. Am schlimmsten ist natürlich die Folter. 42 Mal täglich muss man es über sich ergehen lassen, mit einem Taschentuch malträtiert zu werden, das immer rau ist, ganz egal, wie viel Lotion es angeblich enthält. Die Nasenhöhle wird stoßweise mit Nasenspray überschwemmt, und anschließend wird der Rotz mithilfe einer Pumpe aus der Nase gezogen, die zu neun Zehnteln ins Nasenloch gebohrt werden muss. Und, Gott bewahre, bei jedem Windelwechseln wird auf absolut empörende Art und Weise Fieber gemessen. Und das Ganze noch dazu Tag und Nacht, ohne in irgendeiner Weise verstehen zu können, dass all das tatsächlich irgendeinen Nutzen hat.

»Das ist doch nur zu deinem Besten.« In den Ohren eines Babys klingt dieser Satz mehr als zynisch, schließlich kann seine einzige Rache allerhöchstens darin bestehen, seine Nahrungsrückstände auf einem Abendkleid zu hinterlassen, während es sich danach sehnt, uns mit einem gezielten Karateschlag an ausgesuchte Stellen zur Strecke zu bringen.

Niemand kann sich dem entziehen: Wir Eltern sind diejenigen, die den Henker spielen müssen. Noch dazu mit den begrenzten Mitteln, die die Vorsehung und Johnson & Johnson uns gnädigerweise zur Verfügung gestellt haben. Was mich an das Thema erinnert, bei dem mir diese Woche die Milch aufgestoßen ist: Kann mir irgendjemand bitte mal erklären, warum im Jahr 2006 ...?

Ganz ehrlich, kann mir irgendjemand bitte mal erklären, warum man sich bisher nichts weiter hat einfallen lassen, als dieses verdammte Erdbeeraroma in Kinderhustensaft zu packen, um ihn kranken Kindern schmackhafter zu machen? Könnte man nicht vielleicht ein Schmusetier erfinden, das zart nach Menthol duftet und gleichzeitig Babys Nase sanft befreit? Irgendein mit Lachgas gemischtes Niespulver? Eine supereffektive Pumpe, mit der sich die Sekrete (auch bekannt unter der Bezeichnung Rotz) auf Distanz absaugen lassen? Papiertaschentücher, die *wirklich* weich sind?

Und vor allem, können wir uns bitte darauf verständigen, dass Fieberthermometer, mit denen man die Temperatur im After misst, nur noch in Sexshops verkauft werden? Warum funktionieren Ohrthermometer zwar bei Kleinkindern, nicht aber bei Babys? Wie bitte? Der Aufsatz ist zu groß, er lässt sich nicht richtig ins Ohr einführen und liest die Temperatur nicht ordnungsgemäß ab? Oha! Das muss ja wirklich eine unglaubliche technische Herausforderung sein, ein Thermometer herzustellen, das über einen etwas kleineren Aufsatz verfügt.

(Außerdem haben wir zu Hause die schlimmste Variante aller Rektalthermometer, die es gibt. Elektronisch, hyperempfindlich, aber nicht, was die Temperatur angeht. Sobald Baby mit dem Popo wackelt, fängt das Thermometer an, wie wahnsinnig zu piepsen, und verweigert jede Temperaturanzeige. Ganz ehrlich, ich verstehe es nicht. Natürlich ist es in einer Disco laut, aber hat das jemals irgendjemanden daran gehindert festzustellen, dass es dort heiß ist????)

Gut, okay, ich rege mich schon wieder auf. Wenn das so weitergeht, werde ich noch krank.

Ooooooh jaaaa, ich werde krank …

Detektor-Babys

Ich weiß zwar nicht, was es kostet, Spürhunde darauf abzurichten, dass sie Drogen in Flughafenkoffern finden, aber ich würde gerne eine sehr viel kostengünstigere Lösung vorschlagen: Setzen Sie einfach ein paar Babys in einen Raum und stellen Sie die Koffer um sie herum auf, soooo! Das ist alles. Die kleinen Windelscheißer werden sich ganz von selbst genau auf die Koffer mit dem allergefährlichsten Inhalt stürzen.

Völlig unwichtig dabei ist, ob sie bereits krabbeln können oder nicht. Baby kann sich schon auf den Bauch drehen? Wenn ja, dann hat es auch bereits die erstaunliche Fähigkeit entwickelt, so gut wie überall hinzugelangen, wo es hinmöchte – oder besser gesagt: systematisch an den Ort zu rollen, an dem seine Anwesenheit am allerwenigsten erwünscht ist.

Probieren Sie es mal unter strenger Beobachtung aus: Gehen Sie irgendwohin, wo sich eine Treppe befindet. Legen Sie Baby auf eine Spieldecke mit bunten Spielsachen und bestücken Sie den Weg zur Treppe mit verschiedenen massiven Hindernissen wie Staubsauger, Wäschekorb, Drei-Sitzer-Sofa usw. Baby wird zunächst geistesabwesend nach ein paar Spielsachen grabschen, doch schon bald werden Sie sehen, wie es diese mit einem abfälligen Gesichtsausdruck zur Seite schiebt. Von diesem Moment an hat sein Instinkt das Ruder übernommen. Tastend und ungeschickt rollend bewegt es sich vorzugsweise rückwärts fort, um seine Spuren zu verwischen, und steuert unaufhaltsam auf die Treppe zu. In ganz seltenen Fällen kann es geschehen, dass es diese nicht erreicht, doch das passiert ausnahmslos bei dem

Versuch, den Staubsauger im Vorbeikrabbeln kurzerhand auseinanderzunehmen, um sich sogleich den Beutelinhalt einzuverleiben. (Kein Zweifel, dass ihm das gelingen wird.)

Dieses Naturgesetz lässt mich an der Sinnhaftigkeit der allgemein verbreiteten Gewohnheit zweifeln, weiche, wunderschön bunte Spielsachen für Babys zu entwickeln. Erst heute Nachmittag habe ich einen süßen kleinen leuchtend roten Marienkäfer mit sonnengelbem Kopf und zartgrünen Beinen vor Baby hin und her geschwenkt. Doch Baby würdigte ihn keines Blickes, sie begnügte sich damit, mich herablassend anzustarren, und bedauerte offensichtlich, dass es ihr nicht vergönnt war, erneut ihre Patschehändchen an das Stromkabel meines Computers zu legen, das anzuknabbern sie erst wenige Minuten zuvor vergeblich versucht hatte.

»Glaubst du wirklich, ich werde deinen bunt gemusterten Marienkäfer, der extra für mich erdacht wurde, einem schwarzen Kabel vorziehen, dessen Begutachtung mir zum Verhängnis werden könnte? Vergiss es!«

Der Entwurf eines schwarzen oder grauen Kabels, das mit einer Steckerattrappe verbunden ist (wichtig, damit der Eindruck erhöhter Gefahr entsteht), würde bei den Eltern wahrscheinlich keinen reißenden Absatz finden, aber ich bin mir sicher, dass die Altersgruppe null bis zwölf Monate dafür Schlange stünde. Das oder die Imitation eines Satzes Cutter-Messer.

Mein Entschluss steht fest: Sollte dieses Buch ein Flop werden, sattele ich um auf Geschäftsfrau.

Vom Ersten zum Zweiten: Mama hat Ausgang

Erstes Baby:

»Also, mein Schatz, ich habe dir den Zeitplan für Baby vorbereitet. Er befindet sich auf diesem Zettel hier, aber ich habe alles auch noch mal auf deinen Desktophintergrund geschrieben, falls du den Zettel verlierst.

Normalerweise isst Baby um 17.45 Uhr. Ihr Teller (im Kühlschrank, blauer Teller, weißer Deckel, im obersten Fach links) muss 28 Sekunden in die Mikrowelle. Gut, es können zwischen 25 und 30 Sekunden sein, aber 28 ist wirklich ideal.

Dein Essen steht ebenfalls im Kühlschrank. Ich habe dir den Teller vorbereitet, du musst ihn nur noch aufwärmen. Ich hoffe, du hast Zeit zu essen, mein armer Schatz.

Ich weiß zwar, dass Baby schon seit zwei Monaten nicht mehr krank war, aber falls doch, habe ich dir das Fieberthermometer auf den Wickeltisch gelegt. Ich habe ein Post-it mit der maximalen Normaltemperatur daraufgeklebt. Wenn sie erhöhte Temperatur hat, gibst du ihr die Tropfen. Eine Dosis, 25 Milliliter. Das habe ich auch auf deinem Desktophintergrund notiert. Oh Mist, ich habe vergessen, die Tropfen aus dem Medizinschrank zu nehmen! Du meinst, es geht auch so? Ja? Sicher? Ach, egal, hier sind sie.

Wenn irgendetwas ist, rufst du mich an, ja? Ich habe das Handy in der Hosentasche auf höchste Lautstärke gestellt *und* den Vibrationsalarm eingeschaltet. Ist halt Pech, wenn es während des Films klingelt. Das ist ein Notfall. Falls das Telefon nicht gehen sollte, obwohl ich es in weiser Voraussicht die letzten

48 Stunden lang aufgeladen habe, dann ist hier die Nummer von dem Kino ...

Du bist sicher, dass es gehen wird? Etwas gestresst? Ja, ja, ich auch. Puh, okay, ich muss los. Küsschen.

Bist du sicher, dass du das schaffst? Ich werde ganz langsam weggehen, dann kannst du rufen, falls ...

Gut, hmmm. Okay. Ich gehe. Küsschen.

Ach, versuch doch mal, mich auf dem Handy anzurufen, bevor ich gehe, dann wissen wir Bescheid ... Hey, es funktioniert!

Ich bin höchstens zweieinhalb Stunden weg. Okay? Okay? Gut, okay. Küsschen.«

Und Mama geht mit bleischweren Schritten. Sie hat ihren Mann und ihr Baby im Stich gelassen. Das Leben ist grau, sie weiß gar nicht mehr, wie sich Musik überhaupt anhört.

Sie spitzt so lange wie möglich die Ohren, damit sie mögliche Hilferufe nicht überhört, dann geht sie Fingernägel knabbernd ins Kino.

Der Film hört überhaupt nicht mehr auf.

Zweites Baby:

»Okay, meine Süßen, tschau! Ich muss los, sonst verpasse ich den Bus.

Das Essen für Baby? Ääääh, also, im Kühlschrank irgendwo ... Oder in der Kühltruhe ... Anziehsachen ... Du gibst ihr was, äh, wenn sie Hunger hat, ja?

Euer Essen, für dich und Große Tochter? Rutsch mir ... äh, ich meine, Pizza vielleicht?

Wenn Baby krank ist? Ufff, irgendwo sind noch Tropfen, glaube ich. Aber sie hat schon seit zwei Monaten nichts mehr gehabt. Mach dich nur nicht verrückt.

Ich habe für alle Fälle das Handy dabei. Glaube ich zumindest.

Gut, also, ich muss – was ist denn jetzt noch????? Ein Küsschen? Oh ... ja, aber ja, meine Süßen. Wo war ich nur mit meinen Gedanken, oh, oh, oh!

Gut, also, tschüss! Macht euch einen schönen Abend!

Übrigens, bei mir wird es sicher spät.«

Und Mama rennt zur Bushaltestelle. Passanten können hören, wie sie nach Katja-Epstein-Manier singt: »Frei zu sein und sein eignes Leben leben, lalalalala.«

Was das Handy angeht, da ist der Akku leer. Aber das ist auch nicht weiter schlimm, denn Mama hat es zu Hause in der Wickeltasche vergessen.

Und der Film? Also der ist wirklich richtig, richtig gut!

Es waren einmal zwei Mütter ...

»Äh, ist das deine Sandale?«

»Nein, die gehört meiner Mutter. Sie hat ihr altes Paar letztens hiergelassen, als sie mir geholfen hat, das Erdgeschoss zu putzen.«

»Es ist nur ... weil, dein Baby isst sie gerade auf.«

»Hmmm, ich weiß.«

»Stört dich das nicht?«

»Wenn mir das 20 Minuten Ruhe verschafft, in denen ich mit dir Kaffee trinken kann, freut mich das sogar.«

»Wenn man es so sieht ...«

»Sie leert jetzt auch gerade die Box mit den Taschentüchern. Für 2,69 Euro plus Mehrwertsteuer verschafft mir das gut 45 Minuten Ruhe. Wenn man ein Baby hat, ist das eine halbe Ewigkeit.«

»Aber das ist ziemliche Verschwendung.«

»Ach nein! Wenn sie fertig ist, stopfe ich die Taschentücher wieder in die Box und wir benutzen sie trotzdem. Das bisschen Spucke hier und da ...«

»Hast du noch nie daran gedacht, ihr immer dieselbe Box zu geben, die sie dann einfach wieder ausleert?«

»Klar habe ich das versucht, aber sie leert lieber neue Dosen.«

»Kurz gesagt: Babys Wille ist Mama Befehl.«

»Nein, eher: Der Zweck heiligt die Mittel.«

»Sei's drum. Wobei, du musst zugeben, die Sache mit der alten Sandale ...«

»Wieso? Gibt das keine Antikörper?«

»Vielleicht, aber das ist doch wirklich eklig.«

»»Das ist doch wirklich eklig.‹ Wenn man dich so hört, würde man nie darauf kommen, dass du selbst zwei Kinder hast.«

»Hast du Große Tochter etwa schmutzige Sandalen essen lassen?«

»Bist du verrückt? Meine Erste doch nicht, da war ich total pingelig.«

»Während deine Zweite ruhig die Sandalen des ganzen Universums verspeisen kann …«

»Keineswegs, keineswegs. Nur die Sandalen von Familienmitgliedern. Man muss es ja nicht gleich übertreiben.«

»Heißt das, falls du jemals ein drittes Kind haben solltest …«

»Äh, das eröffnet unendliche Möglichkeiten.«

»All you can eat.«

»Darauf wette ich.«

»Jedenfalls … also, für den Fall, dass … nur weil wir Freundinnen sind …«

»… bewahrst du mir deine alten Sandalen auf?«

»Versprochen.«

Was uns nicht umbringt, macht uns stark

Irgendein beliebiger Samstagmorgen in aller Herrgottsfrühe. Nach einer wohltuend stillen Nacht erwacht das Haus zu alltäglichen Klängen.

Baby: »Babadidududu ... haaaaalllooooo ...«

Rabenmutter: »Hmmmm, Schatz, Baby wacht auf ... Hast du gut geschlafen?«

Rabenvater: »Hmmm ... Hä? Was? Wie spät ist es?«

Rabenmutter: »Sechs Uhr. Hast du gut geschlafen?«

Rabenvater: »Wie sagt man so schön? Ich habe *bis jetzt* sehr gut geschlafen.«

Rabenmutter: »Oh, umso besser. Ich hatte nämlich eine ganz schreckliche Nacht.«

Rabenvater: »Ach ja?«

Rabenmutter: »Ich habe Baby um Mitternacht noch mal den Schnuller gegeben.«

Rabenvater: »Ich war um zwei Uhr morgens bei ihr.«

Rabenmutter: »Ja, aber ich habe anderthalb Stunden gebraucht, bis ich wieder einschlafen konnte.«

Rabenvater: »Aber ich habe ihr auch um vier Uhr noch mal ein Fläschchen gegeben.«

Rabenmutter: »Ah.«

Rabenvater schweigt befriedigt in der Überzeugung, das entscheidende Argument vorgebracht zu haben. In Babys Zimmer wird das Quengeln drängender: »BABADAaaaaaah! Hallooooo? HAAAALLOOOOO?????«

Rabenmutter: »Aber ... du vergisst dabei, dass ich letzten Samstag Geburtstag hatte.«

Rabenvater: »Ja und?«

Rabenmutter: »Und? Ich musste selbst an meinem Geburtstag aufstehen, weil deine Nase die ganze Nacht zu war. Angeblich.«

Rabenvater, empört: »Angeblich???? Ich habe die ganze Nacht kein Auge zugetan!«

Rabenmutter: »Eben, diesmal habe ich die ganze Nacht schrecklich schlecht geschlafen! Und kaum war ich dann mal eingeschlafen, habe ich geträumt, du würdest mich wegen einer Blondine verlassen, und du hast gelacht, du hast so gelacht ...«

Rabenvater: »Geht das schon wieder los?! Kannst du mir bitte einmal erklären, warum ich in deinen Träumen, die du, wie du ja weißt, *selbst fabrizierst,* immer als herzloser Bösewicht dastehe?«

Rabenmutter: »Vielleicht, weil du morgens nicht aufstehen willst?«

Baby: »Hallo? HaaaaallllOOOOOOO??? Wääääääähhhhhh!«

Die beiden Erwachsenen übergehen die ungeduldigen Schreie ihres Sprösslings. Die Atmosphäre ist zum Zerreißen gespannt. Rabenvater geht zum Gegenangriff über.

Rabenvater: »Erinnerst du dich, letzten Monat?«

Rabenmutter: »Was, letzten Monat?«

Rabenvater: »Ich bin Samstag *und* Sonntag aufgestanden, weil du nicht schlafen konntest.«

Rabenmutter: »Also wirklich, jetzt kommst du mit den Geschichten von vor einem Monat. Geht's noch? Wenn du schon die ollen Kamellen ausgräbst, dann weise ich dich darauf hin, dass ich im letzten Jahr unendlich viel öfter aufgestanden bin als du, um die Kleine zu stillen.«

Besagte Kleine, die meint, eine Feuerpause erkannt zu haben, wirft ein zaghaftes »Kuckuck! Hallo?« ein. Doch an der Front schenkt ihr niemand Gehör. Hier tobt der Krieg, und samstagsmorgens kennt er keine Gnade mit Kindern, die vor halb acht aufstehen.

Rabenvater: »Stillen? *Stillen?* Aber, das ist doch gar nichts, stillen! Bei mir, meine Liebe, da haben beide Großväter in den Kohleminen in der Wallonie geschuftet! Sie haben sich geschunden, Blut und Wasser geschwitzt, um ihre Familien zu ernähren. Und ihre Vorfahren, die Italiener und Polen, glaubst du, die hatten es leicht im Zweiten Weltkrieg?«

Rabenmutter: »Keine Ahnung. Hatten sie es leicht?«

Rabenvater runzelt die Stirn: »Sicher nicht.«

Die beiden Feinde schweigen kurz, verwirrt. Selbst Baby ist überrumpelt.

Rabenmutter: »Und die Moral von der Geschichte? Sollte sie nicht vielleicht sein, dass du dankbar aufstehen und dich um deinen Nachwuchs kümmern solltest, wenn du schon das Glück hast, in einem weichen Nest zu leben, von dem deine Vorfahren nur träumen konnten?«

Rabenvater: »Nein, du hast überhaupt nichts verstanden. Die Moral von dieser Geschichte ist, dass sich die Müdigkeit in unserer Familie über Generationen angesammelt hat. Also bleibe ich im Bett.«

Rabenmutter: »Hey, nun aber mal halblang mit diesem Vererbungsquatsch. Und was ist mit meinen ausgerotteten indianischen Vorfahren, hä? Zählt das etwa nicht?«

Rabenvater: »Du hast indianische Vorfahren?«

Rabenmutter runzelt die Stirn: »Keine Ahnung, wahrscheinlich.«

Rabenvater: »Das ist doch lächerlich!«

Rabenmutter: »Du findest mich also lächerlich? Du findest meine Vorfahren lächerlich?«

Rabenvater: »Nein, nein, ich habe nur gemeint, dass ...«

Rabenmutter triumphierend: »Du beschimpfst mich, nein, du beschimpfst meine *Familie,* und glaubst dann auch noch allen Ernstes, ich würde heute Morgen aufstehen? Schon allein um diesen Affront zu rächen, werde ich hier im Bett unter der warmen Decke bleiben. Und zwar mindestens bis halb elf.«

Rabenvater: »Scheiße!«

Rabenmutter: »Hihi.«

Baby: »Haaaaalllloooooo ... kuuuuuuckuuuuuck ... chhhhhrrrrr ...«

Aufmerksames Schweigen.

Rabenmutter: »Die Kleine ist wieder eingeschlafen.«

Rabenvater: »Gut.«

Rabenmutter: »Wir können ja noch ein wenig liegen bleiben.«

Rabenvater: »Ja.«

Rabenmutter: »Äh ... bist du noch müde?«

Rabenvater: »Äh ... nein.«

Rabenmutter: »Wollen wir dann aufstehen, ja, Schatz? Wir könnten ganz in Ruhe frühstücken.«

Rabenvater: »Gute Idee, mein Herz. Und über den Rest reden wir morgen noch mal.«

Rabenmutter: »Übrigens, ich glaube, meine Großmutter war mit einem Typen zusammen, dessen Vorfahren Inkas waren.«

Rabenvater: »Ich habe gesagt morgen.«

Kinderbereuung

Baby besucht ab September die Kinderkrippe. Neben meinem Über-Ich, das seine Tage damit verbringt, mich zu maßregeln, und meinem Es, das bei dem Gedanken an eine Doktorarbeit Panik schiebt, gibt es noch mein ausgeglichenes und rationales Ich, das mich anfleht, den unvorbereiteten Eltern einige nützliche Informationen zur Kinderbetreuung zu geben.

Insbesondere, weil Kinderbetreuung ein Graus ist.

Allerdings nicht für die Kinder, guter Gott, nein! In den meisten dieser Institutionen wird Ihren Kindern jeder Wunsch von den Augen abgelesen. Vergessen Sie nicht: Die Kinder genießen den ganzen Tag über die Aufmerksamkeit eines einzig für ihre Minigruppe zuständigen Animateurs, der ausschließlich dafür abgestellt wurde, sie unter Berücksichtigung einer von der Elite der Harvardabsolventen erdachten Entwicklungs- und Erziehungstheorie zu *fördern*.

Die Kinder, jedenfalls die meisten, sind glücklich in der Kinderbetreuung.

Nein, die wahren Leidtragenden sind wir, die Eltern.

Ihr kleiner Junge verwandelt sich in den Doppelgänger der Niagarafälle, sobald Sie ihn in der Kinderkrippe abgeben? Dann ja wohl nur, weil Sie ein gewissenloser Vater sind, dem es nicht gelungen ist, seinem Kind die notwendige Sicherheit zu geben, die es braucht, um sich auf seinem Lebensweg entfalten zu können. Statt Junior eine Anzahlung auf sein erstes Haus zu ermöglichen, wird er das ganze schöne Geld später einmal für Psychoanalysen ausgeben müssen und gezwungen sein, bis zu seinem

38. Lebensjahr bei Ihnen zu parken, spindeldürr (die Angst), unverheiratet (keine Selbstachtung) und schmutzig (keinerlei Selbstständigkeit). Böser, böser Papa!

Ihre kleine Tochter hingegen sagt Ihnen nicht einmal auf Wiedersehen, wenn Sie sie den wohlwollenden Händen der Erzieher/-innen übergeben? Abends möchte sie nicht von Ihnen abgeholt werden, weil ihr Nachbau des Harry-Potter-Schlosses, das sie aus Ton modeliert hat, angeblich noch nicht fertig ist? Böse Mutter, die ihre Kleine überbehütet, die sie mit ihrer unerträglichen Liebe erstickt. Kein Wunder, dass sie sich von Ihnen lösen und ihr eigenes Leben führen möchte, obwohl sie dafür gar *nicht die Mittel hat*, denn die haben *Sie* ihr ja nicht gegeben. Nun gut, dann wird sie halt mit 15 schwanger und jede Kritik am Kindsvater Stephan-aus-dem-Heim-geflohen-und-freiwillig-Fensterputzer vehement zurückweisen, und der Teufelskreis, den *Sie* mit Ihrer unverantwortlichen Haltung losgetreten haben, wird sich bis in die 100. Generation fortsetzen. Anschließend wird es noch schlimmer. Böse, böse Mutter!

Doch die Kinderbetreuungen halten noch Schlimmeres für Sie bereit. Denn diese Leute, denen Sie Ihre Kinder anvertrauen, sind absolute Profis. *Und das wissen sie genau!*

Ihr Selbstwertgefühl, Ihre Sicherheit und Ihre normale elterliche Entwicklung, all das werden diese Kinder-Gurus an den Pranger stellen.

Ihr Kind mag keinen Fisch, es tritt seinen Nachbarn oder neigt dazu, bei der leisesten Kritik in Tränen auszubrechen? Dass wir uns nicht missverstehen: Es ist Ihre Schuld. »Und«, so wird man Ihnen mit dem strengen Blick eines Fräulein Rottenmeier erklären, »das wird sich ändern müssen.«

Und genau hier werden wir Nein sagen, liebe Elternkollegen! An dieser Stelle wird der Widerstand organisiert. Oh doch!

Und die Lösung liefere ich Ihnen auch gleich mit, gewissermaßen auf dem Silbertablett: Sie müssen lügen.

Üben Sie es, Sie werden sehen, es ist ganz leicht. Nehmen wir einen quasi universellen Streitpunkt zwischen Eltern und Erziehern: den Mittagsschlaf. Hier, wie es *nicht* gemacht werden sollte:

Die Kinderbetreuungs-Domina: »Was machen Sie, damit Lara-Marie ihren Mittagsschlaf hält?«

Sie, jammernd: »Äh, ich wiege sie in den Armen, während ich ihr das Fläschchen gebe, und singe ihr ein Schlafl...«

Domina: »NEIN! Damit müssen Sie umgehend aufhören. Lara-Marie kann überhaupt nicht allein einschlafen, sie stört die anderen Kinder, sie muss lernen, ihren Mittagsschlaf anders in den Griff zu bekommen, verstanden?«

Sie, schniefend: »Jaahaa.«

Und so beginnt Ihr häuslicher Albtraum, weil Sie versuchen, dafür zu sorgen, dass Lara-Marie ihren Mittagsschlaf anders in den Griff bekommt. Erfolglos. In der Krippe fürchten Sie das Thema wie die Pest. Doch dann, Wochen später, erfahren Sie, dass sich das Problem dort innerhalb von zwei Tagen geregelt hat.

Aufgrund dieser Feststellung wollen wir nun gemeinsam eine intelligente Vorgehensweise ausarbeiten, die von heute an zur Anwendung kommen wird:

Domina: »Wie sorgen Sie dafür, dass Niklas-Erik seinen Mittagsschlaf macht?«

Sie, überrascht: »Ich lege ihn in sein Bett. Warum?«

Domina, mit offenem Mund: »Sie tragen ihn nicht herum?«

Sie: »War noch nie nötig. Er ist gewissermaßen schlafsüchtig.«

Domina: »Ach so … Hmm … Es ist nur so, dass wir ein paar kleine Probleme mit ihm haben, wenn es ums Einschlafen geht, und ich …«

Sie: »Das wundert mich jetzt aber sehr. Niklas-Erik war immer ein überaus unkompliziertes Kind, wenn es ums Schlafen ging.« Sie blicken sich misstrauisch um. »Wie ist denn die Atmosphäre hier in der Krippe beim Mittagsschlaf? Wird da vorher auch nicht zu wild gespielt? Sind die ErzieherInnen auch sanft genug zu den Kindern? Ich hätte bitte gerne eine Kopie ihrer Zeugnisse und die Telefonnummer der Regionaldirektion.«

Die Domina bemüht sich, Sie schnell zu beruhigen: Aufgrund ihrer Erfahrung geht sie davon aus, dass sich das Problem, das Niklas-Erik mit dem Mittagsschlaf hat, in zwei Tagen gelöst haben wird.

Zu Hause bringen Sie Baby weiterhin mit einem Fläschchen und Schlafliedern ins Bett. Natürlich können Sie versuchen, die Gunst der Stunde zu nutzen und die Gewohnheiten von Niklas-Erik zu verändern, doch das ist ganz allein Ihre Entscheidung.

Und wirklich, zwei Tage später wird Niklas-Erik in der Krippe ohne Jammern einschlafen.

Deswegen ist es nicht schlimm, wenn Sie dort lügen. Ihr Baby besitzt eine ausgeprägte Unterscheidungsfähigkeit und wird sehr schnell begreifen, dass in der Krippe andere Regeln herrschen als zu Hause. Und der kleine Schlingel wird sich daran halten. Da ist es gar nicht nötig, dass Sie Ihr eigenes seelisches Gleichgewicht in Gefahr bringen.

Woraus wir folgern: Wir müssen den Widerstand organisieren.
Eltern aller Krippen, vereinigt euch!
Und bitte, danken Sie mir nicht. Ich tue nur meine Pflicht.
(Okay, okay, wenn Sie unbedingt wollen, Verrechnungsschecks
nehme ich natürlich gerne an.)

Montag in der Krippe aufzuhängen

Mitteilung an die Eltern aller anderen Babys

Liebe Eltern,

seit drei Tagen geht Baby nun in dieselbe Krippe wie Ihr Kleiner, und leider muss ich Ihnen nun ganz unvorbereitet und ohne weitere Umschweife mitteilen, dass mein Baby schöner ist als Ihres. Mit schöner meine ich *um einiges* schöner.

Ich weiß, es ist nicht wirklich *politisch korrekt* und auch nicht sehr nett, so etwas zu sagen. Übrigens würde ich das normalerweise auch nicht tun. Doch leider ist es so, dass ich nicht nur ein sehr schönes Baby habe, sondern dass ich dabei zudem auch wissenschaftliche Unterstützung genieße.

Also, wenn ich von Wissenschaft spreche, dann meine ich gewisse wissenschaftliche Hypothesen. Genauer gesagt, meine eigenen. Wie Sie allerdings sehen werden, sind diese überaus vernünftig. Meiner Ansicht nach hat die harmoniesüchtige Natur es absichtlich so eingerichtet, dass das elterliche Auge stets an seinem eigenen Kind ein Etwas bemerkt, das dieses anziehender macht als alle anderen. Gut, was mich angeht, so sind es sicherlich eher vier oder fünf Etwas, doch lassen wir das. Stellen Sie sich doch einmal vor, ich würde Ihre Chantalle dermaßen viel süßer finden als Baby, wer garantiert Ihnen denn dann, dass ich sie nicht eines Abends einfach mitnehmen würde? Stellen Sie sich doch nur einmal dieses Chaos vor (alle Eltern würden sich um meine Tochter reißen)!

Meine andere Hypothese besteht darin, dass man, wenn man jemanden monatelang, um nicht zu sagen jahrelang, 24 Stunden täglich vor sich sieht, gar keine andere Wahl hat, als ihn am Ende schön zu finden. Das ist gleichsam eine Frage des Überlebens. Wie war das zum Beispiel mit diesem Rüdiger, Ihrem Arbeitskollegen, der seinen Schreibtisch gleich neben Ihrem hatte und den Sie vor kaum drei Jahren als hässlich beschimpft haben? Mit dem waren Sie doch auch an einem Mittwochnachmittag plötzlich im Hotel verschwunden, wo Sie sicher nicht über den Job gesprochen haben, oder? Später waren Sie dann total eifersüchtig, wenn irgendeine der Kolleginnen auch nur den kleinsten Blick auf diesen am Ende doch nicht ganz so schrecklichen Rüdiger geworfen hat. Haben Sie den schönen Rüdiger nicht schließlich sogar geheiratet? Sagen Sie jetzt nichts: Ich wette, Sie denken, dass Sie wunderbare Kinder mit ihm haben? Fragen Sie sich nicht weiter, wieso. *Sie hatten ganz einfach keine andere Wahl.* Das ist wie bei meiner Mutter, die meinen Vater auf einem Kartoffelacker kennengelernt hat. Glauben Sie, am Ende hatte sie da wirklich die Wahl, ihn schön zu finden oder nicht? Mit all den Kartoffeln ringsum? Nein.

Und außerdem, *last, but not least,* müssen wir unserem Baby gezwungenermaßen die Windeln wechseln, die randvoll sind mit Kacka. Einem Kacka, das, machen wir uns doch nichts vor, niemals gut duftet und auch nie, niemals in den Farben puren Glücks leuchtet. Stellen Sie sich nur mal vor, zu allem Überfluss würden wir unser Baby dann auch noch grottenhässlich finden – grauenhafte Vorstellung.

Gut, vielleicht denkt der ein oder andere jetzt, dass ich übertreibe. Dass ein Baby schon von Natur aus süß sei. Dass ich nicht sagen solle, man könne es auch hässlich finden. Möglicherweise haben Sie recht. Aber meinen Sie nicht auch, ganz tief in Ihrem Inneren, dass Ihres doch zumindest ein winziges bisschen niedlicher ist als alle anderen? Meinen Sie nicht, dass das Blut von Ihrem Blut einen gewissen Vorteil, um nicht zu sagen, gewiss einen Vorteil haben wird im Wettrennen um die Erhaltung unserer Art? Hmmmm?

Nun, Sie irren sich. Denn das allersüßeste aller Babys ist meins! Womit ich mit hochachtungsvollen Grüßen verbleibe.

Gezeichnet: Rabenmutter (die Frau, die jeden Tag das schönste Baby der ganzen Krippe mitnimmt)

Du hast da was!

···········

Die Eltern untersuchen ihr Neugeborenes von allen Seiten. »Oh, sie hat da kleine rote Punkte auf den Lidern …«

Schwester: »Das geht wieder weg.«

»Oh, sie hat kleine rote Flecken zwischen den Augen …«

»Das geht wieder weg.«

»Oh, sie hat kleine rote Flecken im Nacken …«

»Das geht wieder weg.«

»Oh, sie hat einen kleinen roten Fleck auf der Stirn. Das geht auch wieder weg, ja?«

»Nein.«

Das war unser erster Hinweis darauf, dass Baby etwas klein wenig Besonderes haben würde.

Die Kinder nennen es Aua. Für einige Erwachsene ist es wohl ein Muttermal. Für andere eine Beule. Einzelne Kenner (wie die Kassiererin im Tiergeschäft unten an der Ecke) versteigen sich zu einer korrekten Diagnose: ein Blutschwämmchen.

Ja, ja, wie Große Tochter sagt, wir haben eine kleine indische Prinzessin bei uns zu Hause: Unser geliebtes Baby trägt mitten auf der Stirn ein wunderschönes Blutschwämmchen.

An sich ist es nichts Schlimmes. Es ist nicht gefährlich, tut nicht weh und verschwindet in zwei oder drei Jahren von selbst. Das Problem sind eher die anderen. Wenn Baby mitten im Gesicht zwei Nasen hätte, würden die Leute (abgesehen von der wunderbaren Kassiererin im Tiergeschäft, Gott segne sie) sie nicht merkwürdiger anschauen, das schwöre ich.

Ich erinnere mich an meine Expeditionen mit Großer Tochter in den Supermarkt, als diese noch ein Baby war. Auf die »Ohs« folgten die »Ahs«, und kaum waren die verhallt, da erklangen die »Dutzidutzidutzis« und die »Killekillekilles« in unaufhörlicher Folge. Ich musste mir den Weg zu meinem Einkaufswagen, der von einer ekstatischen Menschenmenge umringt war, gewissermaßen freiboxen. Die Leute können nichts dafür, sie lieben Babys einfach.

Jedenfalls die meisten Babys.

Mit Baby fällt mir jedoch auf, dass die kleinste Anomalie die Leute abschreckt. Baby ist mindestens genauso süß wie Große Tochter, aber sie hat einen großen roten Pickel auf der Stirn. Und statt dass die Leute im Geschäft nun »Dutzidutzi« machen, beäugen sie sie argwöhnisch. Oh, ja, meine Damen und Herren vom Supermarkt, ich habe Sie genau gesehen. Sie erblicken einen Kindersitz von hinten, nähern sich, um einen Blick auf den süßen kleinen Engel zu werfen, doch ups! Wenn Sie plötzlich das kleine Ich-weiß-nicht-was sehen, beschließen Sie sogleich, sich in die Begutachtung einer *besonders* weichen Jacke zu vertiefen. Manchmal tappen Sie in Ihre eigene Falle. Es ist schon vorgekommen, dass Sie sich näherten, während Baby noch ihre Mütze auf dem Kopf hatte, die das Hämangiom verdeckte. Sobald Sie dann mitten in Ihrer Dutzi-Kuckuck-Sitzung waren, habe ich sie ihr plötzlich heruntergezogen. Wenn das passiert, sollten Sie Ihr Gesicht mal sehen. Man könnte es beinahe lustig finden.

Oder wenn Sie selbst kleine Kinder dabeihaben, dann sind Sie gewissermaßen verloren: »Oh Mama, schau mal, das Baby hat ein Aua!«

»Schhhtt!«

»Aber, was ist das denn für ein Aua?«

»Schhttt!«

»ABER MAMA, WAS IST DAS FÜR EIN AUA?«

Im Allgemeinen ist dies der Moment, in dem ich Ihren Kleinen freundlich anblicke und es ihm erkläre. Und er versteht. Er ist zufrieden. Und Sie müssen gar nicht so erleichtert dreinsehen. Nur weil ein Baby eine Beule hat, ist seine Mutter noch lange keine böse Hexe.

Ich wirke etwas frustriert? Äh … also. Ha, ha, ha! Warum sollte ich … Gut, zugegeben. Ich bin ein wenig frustriert. Frustriert, weil Baby wegen einem kleinen roten Nichts nicht dieselbe Aufmerksamkeit erhält, wie ihre Schwester sie als Baby bekommen hat. Frustriert, weil die Leute wegen einer solchen Lappalie erstarren. Frustriert beim Gedanken an all diejenigen, deren Kinder wirklich krank sind und für die das unvergleichlich schwieriger durchzustehen sein muss.

Und auch frustriert, weil ich frustriert bin. Ich merke selbst, dass ich Ihnen nur schlechte Absichten unterstelle. Wenn Sie Baby nicht anschauen, dann sind Sie ein Arsch. Wenn Sie sie anschauen, ein Voyeur. Sie sprechen sie nicht an, dann sind Sie gemein. Sie sind nett zu ihr, dann sind Sie einfach scheinheilig. Ich weiß ja, dass die meisten Menschen nicht schlecht sind, nur peinlich berührt, aber ich kann nichts dagegen tun, dass ich sie ein wenig hasse, alle zusammen, wie sie da sind, weil ich den Eindruck habe, sie beurteilen mein wunderschönes Baby. Kurz, ich bin systematisch voreingenommen, und das nervt mich.

Und außerdem bin ich vor allem frustriert, wenn ich daran denke, dass ich mich, wenn Baby nicht so wäre, genauso benehmen würde wie alle anderen. Jeder von uns fühlt sich unwohl, wenn er etwas nicht versteht.

Nun gut, mit der Zeit gewöhne ich mich daran. Wenn ich jemanden in meinem Rücken flüstern höre, dass »das arme kleine Baby sich sicher gestoßen hat«, lache ich in mich hinein, häufig drehe ich mich auch um und erkläre die Sache. Sobald man den Leuten nämlich das Wie und Warum für das »Aua« erklärt, wird Baby in der Regel dieselbe Aufmerksamkeit geschenkt wie früher Großer Tochter. Also ist das ja wohl das Mindeste, was ich für die Kleine tun kann.

Und die Natur hat es auch wirklich gut eingerichtet, denn zum Ausgleich hat Baby nicht nur ein, sondern gleich zwei niedliche Grübchen!

Wenn ich das Ganze etwas leichter nehme, dann so wie bei dieser einen Gelegenheit, als ich über die Reaktion beim Anblick von Babys Blutschwamm im Nachhinein ganz besonders gelacht habe.

Die Süßwarenverkäuferin im Supermarkt: »Oh, das süße Babylein … Meine Güte!!!! Was hat es denn auf der Stirn?«

Rabenmutter: »Ein Blutschwämmchen. Das ist nicht schl...«

Die Verkäuferin: »Ach ja!!! Das ist so was, was immer größer wird, das wächst und wächst, und dann irgendwann PLATZT es auf, und dann ist alles voller Blut?!«

Ihrem glücklichen Gesichtsausdruck ist zu entnehmen, dass sie völlig damit einverstanden wäre, wenn das *hier und jetzt* genau so passieren würde.

Rabenmutter: »Nein, nein. Das verschwindet wieder ganz von allein in ein paar Jahren.«
Die Verkäuferin: »Achhhh.«
Sie ist total enttäuscht. Ich glaube, irgendwie habe ich ihr damit den Tag verdorben.

Und hier ein Verzeichnis der Antworten, die Rabenbruder, Rabenschwester, Rabenvater und ich auf die klassische Frage »Meine Güte!!!! Was hat sie denn da auf der Stirn?« erfunden haben:
»Einen Schalter zum Ein- und Ausschalten.« *(Ach, wäre das schön!)*
»Ja, ja, man sollte halt während der Schwangerschaft keine Drogen nehmen.«
»Ich hätte vielleicht besser nicht Auto-Scooter fahren sollen, als ich im achten Monat schwanger war.«
»Ihr Gehirn arbeitet mit Sonnenenergie, das ist die Solarzelle.«
Oder auch: »Der Platz in ihrem Kopf hat einfach nicht vollständig für das Gehirn ausgereicht.«
»Das ist ein Stich. Meinen Sie, ich sollte mal zum Arzt gehen?«
»Das wird noch größer. In einem Monat ist sie dann blind, und in vier Monaten wird sie sterben. Aber wenn Sie möchten, können Sie gerne ›Killekille‹ bei ihr machen – solange es noch geht.«
Meine Lieblingsantwort: »Oh mein Gott!!!! Was ist *das* denn?!? Das habe ich ja noch gar nicht gesehen.«

Heute wird gefeiert

Die Kunst, Geburtstagsfeste zu organisieren ...

Habe ich Ihnen bereits erzählt, dass ich leidenschaftlich gerne Geburtstagsfeiern organisiere?

Also ehrlich gesagt, würde mich das sehr wundern, ich hasse das nämlich!

Das Schwierigste dabei ist, die dicke Falte zwischen meinen Augenbrauen zu glätten, bevor die Gäste kommen – sonst denken die noch, ich würde mich nicht freuen, sie zu sehen, hachje!

Am Schlimmsten sind natürlich Kindergeburtstage. Geburtstagsfeiern beweisen ja nur einmal mehr – sofern ein solcher Beweis überhaupt noch erforderlich wäre –, dass wir Erwachsenen eben doch die Überlegeneren sind. Zivilisiert. Weil, also eine Geburtstagsfeier für einen Erwachsenen organisieren? Ein Kinderspiel. »Hallo, guten Tag, ich möchte gerne für nächsten Samstag einen Tisch für 16 Personen reservieren.« Und die Sache ist geritzt!

Wenn es allerdings um Kinder geht, dann sind das zwei Paar was immer Sie wollen.

Erstens: Wenn ein Erwachsener Geburtstag hat, dann gibt man ihm sein Geschenk, aber man füllt keine kleinen Tüten mit Überraschungen für all seine Freunde. Wer, bitte, hatte diese geniale Idee, dass man nicht nur dem Geburtstagskind Geschenke machen, sondern auch allen anderen Kindern Geschenke machen muss? Sicher irgendeine Discounter-Kette.

Und dabei habe ich doch wirklich versucht, Schadensbegrenzung zu betreiben. Ich habe mir bei beiden Kindern ausgerech-net, dass ich am besten im Oktober/November schwanger wer-de, sodass sie dann mitten im Sommer geboren werden, was uns eine ausgezeichnete Entschuldigung bietet, um nicht ihre gesamten Schulfreunde zum Geburtstag einladen zu müssen, nur damit sie dann alles bei uns verwüsten.

Und ich sage ausdrücklich *bei uns*. Soll ich etwa eine Bowlingbahn reservieren, mich mit kalten Hotdogs vollstopfen und die Kinder anderer Leute daran hindern, sich gegenseitig Bowlingkugeln an den Kopf zu werfen (während ihre verfluchten Eltern – die sind ja nicht dumm – schnell das Weite gesucht haben)? Oder einen Kinosaal reservieren und gezwungen sein, weiche Nachos hin-unterzuwürgen, während ich mir *Das Barbie-Tagebuch* ansehen muss, noch dazu in 3-D? Oder einen Tag auf dem Indoor-Spiel-platz organisieren, nur um irgendwann nach den Heulsusen su-chen zu müssen, die in einem der Plastiktunnel festsitzen, wo Elektroschocks ausgeteilt werden und es wunderbar nach ma-riniertem Pipi duftet? *No way in hell*. Nie niemals nicht. Keine Schnitte, Gitte. Wenn schon, dann leide ich lieber zu Hause.

(Zumal ich in meinem Geheimfach noch ein paar Paraceta-mol-Codein-Tabletten von meiner letzten Niederkunft aufbe-wahre für den Notfall, unter anderem also für Geburtstage.)

Eigentlich will ich mit all dem nur sagen, dass der Geburtstag von Großer Tochter anstand und ich daher letzten Samstag et-was organisieren musste.

Etwas nach *ihrem* Geschmack.

Je größer die Kinder werden, desto schwieriger wird es nämlich, diese Geburtstage so zu feiern, wie man selbst es gerne möchte. Die kleinen Schelme fangen an, einen eigenen Willen zu entwickeln, so nach dem Motto: »Ich würde gerne Anna zu meinem Geburtstag einladen. Und einen Spiele-Geburtstag machen, weißt du, mit ganz vielen Spielen.« Und peng! Schon muss man die Spur einer Klassenkameradin verfolgen, obwohl Sommerferien sind (war wohl doch nicht so brillant, die Sache mit der herbstlichen Zeugung), und (oh gruseliges Grauen!) *Spiele organisieren.*

»Aber«, würde ich am liebsten schreien, *»ich kann doch gar keine Spiele organisieren! Ich weiß nicht, wie das geht. Das ist die Aufgabe von Rabenschwester, die ist da gut drin. Rabenschwester, die kam immer mit einer Tasche voller Spiele, wenn sie Kinder hüten musste. Ich dagegen kam mit einer einzigen Frage: ›Wann bringe ich sie zu Bett?‹ Und jetzt soll ich mir Spiele ausdenken? Für eine ganze Horde???«* Schweig, Rabenmutter, du wolltest Kinder, jetzt sei auch Mutter und halt den Mund.

Also habe ich organisiert.

Um Schlimmeres zu verhindern, habe ich vorrangig Familie und Freunde eingeladen. Schließlich möchte ich mich nicht mit unbekannten Eltern unterhalten oder um kleine Geburtstagswaisen kümmern müssen. (Anna, die einzige *Außenseiterin*, fragte sich, wo die anderen Schulkameraden waren. Mach dir keine Sorgen, Schatz, wir werden uns schon um dich kümmern.) Und was die Spiele anging, gab es eine einzige Bedingung: Es mussten Paare aus einem Erwachsenen und einem Kind gebildet werden – keinesfalls würde ich versuchen, die Zwerge ganz allein in den Griff zu bekommen.

Ein paar Highlights des Tages:

Rabenmutter: »Okay, Freunde. Schnappt euch euren Partner, wir spielen Sackhüpfen. Ihr startet *hier* und hüpft bis *da*. Sobald ihr dort angekommen seid, tauscht ihr mit eurem Partner die

Rollen und kehrt zur Startlinie zurück. Verstanden? Eins, zwei, drei, los!!! Pfffff ... Oh! Oh! Oh! Ich mache ein Foto ... Wie? Das Rennen ist vorbei? Schon? Wer hat denn gewonnen? *WER HAT GEWONNEN?* Das hat niemand gesehen? Scheiße. Also noch mal von vorne. *Wie, das ist ungerecht?* Ich habe gesagt, *NOCH MAL VON VORNE!*«

Rabenmutter: »Gut, Freunde. Wir machen ein Schubkarrenrennen. Zuerst sind die Kinder die Schubkarre. Auf dem Rückweg zur Startlinie tauschen sie mit den Erwachsenen die Plätze.«
Freund: »Du bist verrückt.«
Freundin: »Die Kinder können uns doch gar nicht heben!!!«
Geliebter Schwager: »Schumperchen ist doch erst drei.«
Rabenmutter: (Ich bin so *blöd*.) »Okay, eine Runde reicht. Die Kinder sind jedes Mal die Schubkarre. Eins, zwei, drei ...« (Gott, was bin ich *blöd*!!!)

Rabenmutter: »Also, Freunde, jetzt spielen wir Wasserball. Der Erwachsene füllt den Luftballon, und anschließend geht es darum, sich den Ballon mit dem Kind gegenseitig zuzuwerfen, ohne dass er kaputt geht. Gewinner ist das Team, das den Ballon am schnellsten füllt, und es gibt Sonderpunkte für diejenigen, die ihn sich am häufigsten zuwerfen.«
Freundin: »Wer hat sich denn diese *blödsinnigen* Regeln ausgedacht?«

Alle setzen gemeinsam neue Regeln auf. Das Spiel endet im totalen Chaos, weil jeder versucht, einen wassergefüllten Ballon auf den Köpfen aller anderen platzen zu lassen. Alle sind begeistert. Alle nerven mich. Ich vergebe willkürlich irgendwelche Punkte.

Rabenmutter: »Okay, Freunde. Wir machen einen Seilhüpfwettbewerb. Das Team mit den meisten Sprüngen gewinnt.«

Freund: »Das ist ungerecht. Die Kleinen können nicht Seilspringen.«

Rabenmutter, seufzend: »Okay, maximal 50 Sprünge.«

Wissenschaftlerfreund nimmt Rabenmutter beiseite: »Damit es gerechter wird, zählen wir die Sprünge von jedem Team zusammen und teilen durch das Alter der Kinder. Dann haben die Kinder umso größere Chancen, je jünger sie sind.«

Wissenschaftlerbruder: »Jepp, gute Idee!«

Rabenmutter nimmt sich selbst beiseite: »Oh Mann, egal, Hauptsache, es ist bald vorbei.«

Rabenmutter an alle: »Freunde, um das Ganze gerechter zu machen, werden wir die Punkte in jedem Team zusammenzählen und durch das Alter der Kinder teilen.« (*Scheiße. Ich stehe irgendwie schon wieder blöd da.*)

Freundin: »Wer hat sich denn diese *blödsinnigen* Regeln ausgedacht?«

Kurz gesagt: viele wunderbare Gelegenheiten für Rabenmutter, Demut zu zeigen. Nächstes Mal wird sie einen Clown einladen, so tun, als wäre sie krank, und den Tag im Wellness-Center verbringen.

Rabenmutter hat nämlich letzten Samstag schon genug den Clown gespielt!

... und die Kunst, daran teilzunehmen

Rabenvater und ich haben das Wochenende alleinerziehend verbracht. Ich habe Baby zum Fest meines Schwagers begleitet, während Rabenvater auf dem Geburtstag eines Klassenkameraden von Großer Tochter vor den versammelten Müttern umherstolziert ist. Kleine Zusammenfassung dieses unglaublichen Tages:

Beim Schwager

Kaum habe ich den Fuß über die Schwelle gesetzt, als Lieblingsschwager mir bereits einen Kir anbietet: »Einen Kir? Wie spät ist es denn? Noch nicht elf Uhr? Natürlich trinke ich einen! Ich sorge besser schon mal vor.«

Die Kunst der Unterhaltung mit Rabenmutter:
Rabenmutter: »Es ist wirklich toll, wie entspannt man beim zweiten Kind ist.«
Freundliche Frau: »Das stimmt.«
Rabenmutter: »Ich lasse sie sogar mit Plastiktüten spielen.«
Freundliche Frau, überrascht: »!!!«
Rabenmutter: »Äh, also mit zugeknoteten Plastiktüten, damit sie nicht den Kopf reinsteckt ...«

Freundliche Frau: »!!!«
Rabenmutter: »Äh, natürlich immer nur unter Aufsicht ...«
Freundliche Frau: »!!!«
Rabenmutter: »Also eigentlich fast nie ...«
Freundliche Frau: »!!!«
Rabenmutter: »Ach was, das war natürlich ein Witz! Hm.«
Freundliche Frau: »Hmm, hmm.«

In improvisierten Gesprächen bin ich wirklich genial. Deswegen habe ich dann auch beschlossen, mich lieber zu den Kindern zu begeben, diesen kleinen Wesen, die einen auch dann gerne um sich haben, wenn man sich wie eine Geistesgestörte benimmt. Ich verbringe die nächste halbe Stunde damit, mir mit einem Luftballon auf den Kopf schlagen zu lassen, der von einem charmanten Blondling fachkundig geführt wird. Der Luftballon ist mit Helium gefüllt: Es hätte schlimmer kommen können.

Mein Teller ist voll und, oh Wunder, oh Großzügigkeit ohnegleichen, die Oma hat Baby ins Bett gebracht. *Ich kann also in Ruhe essen!*
Schnell ziehe ich mich in die hinterste Sofaecke zurück, hinter eine Grünpflanze, und fange an, mein Hühnerbeinchen zu genießen.
»HUUUUAAAAAA!!!« BOING! BOING! BOING! »HUUU-UAAAA!!!« BOING! BOING! BOING!
Der Blondling, den eine gewöhnliche Grünpflanze schließlich nicht abhalten kann, hat seine Luftballon-Freundin wiederge-

funden und jauchzt vor Freude, während er ausgiebig meinen Kopf bearbeitet.

»HUUUUAAAAAA!!!« BOING! BOING! BOING! »HUUU-UAAAA!!!« BOING! BOING! BOING!

»Ah, ah, ah! Sehr witzig, mein Schatz, aber jetzt wird Rabenmutter etwas essen, ja?«

HUUUUAAAAAA!!!« BOING! BOING! BOING! »HUUU-UAAAA!!!« BOING! BOING! BOING!

»Na los, geh mit deiner Kusine spielen, ich glaube, sie sucht dich schon.«

»HUUUUAAAAAA!!!« BOING! BOING! BOING! »HUUU-UAAAA!!!« BOING! BOING! BOING!

Irgendwann habe ich ihm dann den Luftballon abgenommen und ihm meinerseits damit auf den Kopf gehauen. Mit Inbrunst. Er dachte, ich spiele, aber in Wirklichkeit habe ich mich abreagiert.

Ich weiß nicht mehr, ob ich meinen Teller leer gegessen habe, woran ich mich jedoch gut erinnere, ist, dass ich es im Nachhinein eine sehr gute Idee fand, gleich bei meiner Ankunft diesen Kir getrunken zu haben.

Die Szene des Tages: meine dreieinhalbjährige Nichte, die mit einem riesigen Luftballon in den Armen herumläuft und »ACHTUNG, DICKE EIER!« brüllt.

Bei Rabenvater

Unterdessen hat Rabenvater piñataweise die Welt gerettet.

Denn für den Geburtstag des Freundes von Großer Tochter hatten dessen Eltern es sich nicht nehmen lassen, besagtes bereits erwähntes Teufelswerk anzubieten: eine Piñata.

Mit Sicherheit hatten sie sich das Ganze gewissermaßen traumhaft vorgestellt: Die Kinder würden sich den Schläger teilen und nacheinander einige Minuten lang auf die Piñata einschlagen, bis ihr Sohn diese dann mit einem gezielten Schlag platzen ließe, woraufhin sich alle erfreut über die tausendundeine Überraschungen hermachen könnten, die sich aus dem Bauch des Tieres ergießen würden.

Doch leider entstammen die Piñatas nicht dem Land der Träume, sondern der Albträume.

Tatsache Nummer eins: Kinder sind nicht in der Lage, eine Piñata zu zerschlagen. Tatsache Nummer zwei: die meisten Erwachsenen auch nicht. Also wird geschlagen und geschlagen, und die Zeit wird gewissermaßen lang. Insbesondere in Gesellschaft von lauter Erwachsenen, die man im Allgemeinen überhaupt nicht kennt und mit denen man einzig und allein deswegen verkehren muss, weil ein vorpubertäres Wesen von zweifelhafter Erscheinung dieselbe Klasse besucht wie die eigene Tochter.

Kurz, die Kinder haben also fünf Minuten lang zugeschlagen, zehn Minuten, 15 … Nichts zu machen. Die Piñata ließ zwar hin und wieder gnädig ein Bonbon fallen, ohne jedoch jemals all ihre Verheißungen einzulösen. Unter Fachleuten nennt man so etwas eine nervige Karotte.

Das war der Moment, in dem Rabenvater, die manngewordene Versuchung, der Gastgeberin ins Ohr flüsterte: »Dürfen die Erwachsenen auch mitspielen?«

Die Dame, gar nicht dumm, erkannte, dass die Dinge nun in die Hand genommen würden. »Kinder, hört mal alle zu! Jetzt sind die Erwachsenen an der Reihe.«

Kinder sind auch nicht dumm und diese hier hatten den verdammten Esel, der in aufreizender Weise mit den Hüften wackelte, langsam ziemlich satt. Also überließen sie der Mutter des Geburtstagskindes überaus bereitwillig den Schläger, die sogleich losschlug. Päng! Der Esel knickte ein, zerbrach jedoch keineswegs.

Jetzt trat Rabenvater vor. Alle hielten den Atem an. TÖRÖÖÖÖÖ!

Der Esel ging in die Knie, immer noch ohne zu zerbrechen. Allerdings lag er nun reglos am Boden und war der Gier einer Horde gnadenloser Kinder ausgesetzt, die ihn unverzüglich auseinandernahmen, bis er endlich seinen letzten süßen Atemzug tat. Erleichterung bei Klein und Groß. Rabenvater wurde als Held gefeiert und kehrte über und über mit Lippenstift bedeckt nach Hause zurück.

Nein, das war ein Scherz. Vielleicht hatte er aber auch nur Zeit genug, sich vorher zu waschen.

Fair-Trade-Schokolade –
schlimmer geht immer

Hahaha, reingelegt! Sicherlich haben Sie einen Moment lang gedacht: »Wie ekelhaft, Rabenmutter verachtet Bio-Fair-Trade-Produkte! Knüpft sie kurzerhand an den nächsten Baum oder, besser noch, lasst sie in Endlosschleife Dokumentarfilme über fairen Handel sehen!«

Doch Sie irren. Eigentlich wollte ich sagen, dass ich fair gehandelte Schokolade noch nie probiert habe. Ich wollte dieses Jahr zu Ostern erst welche kaufen, aber ich habe es nicht getan. Schlimmer noch: Ich habe überhaupt keine Schokolade für Große Tochter gekauft. Da sind Sie baff, was? Diese Mutter ist nicht umsonst eine Rabenmutter!

Ich persönlich finde ja, dass ich Mut zu würdevoller Zurückhaltung gezeigt habe. Anhand meiner hochwissenschaftlichen Berechnungen habe ich nämlich festgestellt, dass die Schokolade, die Opa und Oma geschenkt haben, zuzüglich der, die Übersee-Oma geschickt hat, zuzüglich der, die Bruderherz geschenkt hat, weil er keine Kinder hat und das schließlich irgendwo kompensieren muss, dass also all diese Schokolade zusammengenommen einer ungefähren Menge von 14 Kilogramm Schokolade, 53 Übelkeitsanfällen und zwölf Zahnarztbesuchen (3200 Euro) entsprach. Also habe ich beschlossen, mich einer Mittäterschaft an diesem Massaker zu enthalten und Schokolade zu boykottieren.

Wobei: einmal Mutter, immer Mutter. Und in dieser grenzenlosen Konsumgesellschaft, in der fehlende Ostergeschenke einer körperlichen Misshandlung gleichkommen, weil der psychische Schaden derselbe ist, heißt Mutter sein trotz allem, den Geldbeutel zücken. Also habe ich einige Dutzend Euro in zartgrünen, rosa und violetten Schnickschnack aller Art investiert. Bilanz für meine beiden Töchter und Nichten:

- ★ zwei kleine Stoffküken, *made in China,*
- ★ zwei kleine Stoffhäschen, *made in China,*
- ★ zwei Stifte mit einem kleinen Häschenkopf, *made in China,*
- ★ zwei Ostereierdekokästen, *made in China,*
- ★ alles zusammen in zwei niedlichen Geschenktaschen, *made in China.*

Sagen wir also einfach, dass ich für meine Reise ins Fairness-Land anscheinend noch nicht einmal die Koffer gepackt habe.

Auf Wiedersehen in der Hölle, ihr Monster!

Sophie, die Tochter eines befreundeten Paares, hat Großer Tochter letzte Woche verkündet, ihre Mutter habe beschlossen, am Morgen des 31. Oktober alle Fenster zu verhängen, damit sie nicht den ganzen Abend über Bonbons verteilen muss. Zweifelnd befragte ich meine Freundin dazu:

»Stimmt es, dass du schon am Morgen des 31. die Fenster verhängen willst, damit du an Halloween nicht die Tür aufmachen musst?«

»Wer sagt das denn?«

»Sophie hat es Großer Tochter erzählt.«

»Äh, nein, das stimmt nicht.«

»Ich fand das eigentlich eine ausgezeichnete Idee.«

Wir haben beide sehr gelacht. Süßes oder Saures? *Jokes on you*, meine Süßen! Bis nächstes Jahr … vielleicht!

Doch nein, keine Sorge. Sophies Idee wird mich nicht beeinflussen. Rabenmutter ja, aber so rabenschwarz dann doch auch nicht, vor allem, wenn es darum geht, Zucker zu verteilen, diesen unverzichtbaren Verbündeten aller Eltern-Kinder-Verhandlungen.

Halloween, das ist schließlich heilig. Keine ungerechtfertigte Bevorzugung, so verführerisch der Gedanke auch sein mag.

Rabenschwarze Rabenmutter

Ich habe es getan. Gott möge mir vergeben, ich konnte einfach nicht widerstehen.

Montagnachmittag saß ich mit den Mädchen im Auto. Baby, seit einigen Tagen nicht sonderlich in Form, brüllte seit einer halben Stunde. Fläschchen, Schnuller, Dutzidutzi, nichts half. Ich hatte selbst Rotz in der Nase und kein Taschentuch. Während ich kräftig die Nase hochzog (ich würde mich schließlich nicht mit Babys Wollmütze schnäuzen), dachte ich an den kommenden Halloween-Abend. An die 250 Kinder, die morgen an unserer Tür klingeln würden. An die 250 Male, die ich uns, Baby und mich, würde Wind und Wetter aussetzen müssen, besser gesagt Vampiren und Zombies. An die 250 Tüten, die ich mit einer Hand verteilen würde, während ich mit der anderen Baby hielt/schützte/tröstete. Mich befiel unendliche Erschöpfung. Und plötzlich richtete ich mich auf: »Schatz, Baby ist krank, Mama ist müde. Würde es dich sehr stören, wenn ich morgen früh schon mal alle Fenster verhänge und wir dieses Jahr keine Bonbons verteilen?«

»Äh, ja, das würde mich sehr stören.«

»Gut, dann versuche ich es noch mal anders. Dieses Jahr, Schatz, habe ich beschlossen, dass wir die Fenster verhängen und keine Bonbons verteilen.«

»Aber … aber … aber … Können wir die Fenster nicht offen lassen und stattdessen ein Schild raushängen ›Wir sind da, aber wir verteilen keine Bonbons‹?«

Ich antwortete mit allem Feingefühl und aller Sanftmut, derer ich fähig bin, und in dem demokratischen Geist, der mir in meinen Beziehungen zu diesen kleinen Wesen, die jegliche Form von Respekt verdient haben, also den Kindern, eigen ist:

»Nein.«

»Aber ... aber ... aber ... Können Papa und ich nicht unsere Bonbons verteilen, während wir gleichzeitig bei den anderen welche sammeln?«

Ich habe nun nicht etwa gesagt »Frag deinen Vater«, denn mir ist unser gutes partnerschaftliches Verhältnis außerordentlich wichtig. Stattdessen erklärte ich in aller Ausführlichkeit, dass dieser Vorschlag, so neu und großzügig er auch war, in keiner Weise erwägenswert war.

»Nein.«

Und jetzt eine Warnung: Das Dasein als Rabenmutter hat seinen Preis. Das »schnief, schnief«, das mir vom Rücksitz entgegenschallte, ließ meinen Entschluss fast ins Wanken geraten, zumal wir immer noch keine Taschentücher hatten.

Glücklicherweise rettete mich meine langjährige Erfahrung, denn ich hatte die Idee des Jahrhunderts.

»Schatz, ich habe die Idee des Jahrhunderts!«

»Was?« *(schnief, schnief ...)*

»Wir entfernen die Halloweendeko draußen und dann ... hängen wir sie in deinem Zimmer auf.«

»Jaaaaaaaa! Danke, Mama, danke, danke, danke!!!«

Taschentücher? Kein Bedarf, wenn man so durchtrieben ist wie ich.

Also bin ich gestern Nachmittag Sophies Vorschlägen gefolgt. Ich habe alle Fenster verhängt.

Natürlich habe ich mich geschämt, doch ich gestehe, dass diese Scham auch mit sehr viel Übermut verbunden war. Die versteinerten Blicke der Passanten, die an diesem 31. zusahen, wie ich die falschen Spinnennetze aus der Hecke riss, meine Kürbisse hereinholte und meine Gespenstergirlande abnahm, zeigten mir ganz unzweideutig, dass ich wirklich eine echte Rabenmutter bin.

Ganze zehn Minuten lang fühlte ich mich, endlich, richtig lebendig.

(Ich übertreibe. Ich fühlte mich genauso lebendig wie immer – nur gemeiner.)

Abends erklang bei den Raben kein einziges Mal die Klingel. Ich spielte fröhlich im Warmen in unserem spärlich beleuchteten Haus mit Baby Puppenstube. Der riesige Beutel Süßigkeiten, den Große Tochter heimbrachte, ließ sie den Verrat ihrer Mutter schnell vergessen.

Doch seien Sie unbesorgt. Es war nur eine Ausnahme. Nächstes Jahr machen wir wieder mit. Es gibt Grenzen, die sollte man nicht überschreiten. Und ich sollte ja auch keinesfalls auf den Geschmack kommen, mich über alles hinwegzusetzen. Nein. Ganz gewiss nicht.

Schnief, schnief …

Als der Weihnachtsmann in den Müll fiel

Ein zauberhafter Kurzfilm für Kinder bis sieben Jahre

1. Aufzug – tagsüber – Wohnzimmer der Rabenfamilie

Der Film beginnt mit einer Großaufnahme des Kalenders. Wir schreiben den 19. Dezember 2006. Rabenmutter, die sich auf dem Sofa fläzt, liest gierig. An dem schwarzen Bucheinband ist unschwer zu erkennen, dass es sich um einen Krimi handelt. An Rabenmutters heraushängender Zunge ist unschwer zu erkennen, dass er sehr gut geschrieben ist.

Große Tochter betritt das Wohnzimmer. Völlig unbeeindruckt von der Tatsache, dass ihre Mutter, die auf Seite 146 angelangt ist, kurz davorsteht, Zeugin eines grauenhaften Verbrechens zu werden, setzt sie sich in den Sessel und starrt sie konzentriert an. Rabenmutter hebt den Blick und wendet sich begeistert ihrer Tochter zu.

Rabenmutter: »Angeblich verbraucht Lesen zwei Kalorien pro Stunde, aber dieser Roman ist so gut, dass ich sicher drei oder vier verbrauche.«

Große Tochter (die auch von den Kalorien ihrer Mutter unbeeindruckt ist): »Mama, schwörst du, mir immer die Wahrheit zu sagen?«

Rabenmutter (den Kopf zur Hälfte in ihrem Buch vergraben): »Hmm? Ja, natürlich, mein Schatz. Immer.«

Große Tochter: »Mama, ich möchte, dass du mir dieses Jahr die Wahrheit über den Weihnachtsmann erzählst. Die ganze Wahrheit.«

Rabenmutter (panisch): »Die ganze Wahrheit? Über den ... Weihnachtsmann? Jetzt sofort? Aber ich ... ich habe kein Lesezeichen für mein Buch und ...«

Große Tochter: »Nein, Mama, nicht jetzt sofort. Ich möchte, dass du mir am 25. die Wahrheit sagst.« *Dann, nach einer drohenden Pause, fügt sie hinzu:* »Dir bleiben noch sechs Tage.«

Große Tochter kehrt zurück in den Keller, um den Erfolgen von *DSDS* zu lauschen, nicht ohne ihrer Mutter zuvor einen Blick zuzuwerfen, der eine düstere Zukunft verheißt.

Während dieses Gesprächs verbraucht Rabenmutter unbemerkt 1326 Kalorien. Allerdings ist sie überhaupt nicht mehr begeistert.

Die Kamera verweilt auf dem Kalender. Sie zeigt uns eine Großaufnahme des 25. Dezembers. Dann verschwindet dieses Datum in einem großen Strudel zu den beunruhigenden Tönen einer Fuge von Bach. (Ich habe im Repertoire von Zupfgeigenhansel nichts Vergleichbares gefunden, das eine ähnliche Wirkung hervorrufen würde.)

2. Aufzug – tagsüber –
Wohnzimmer der Rabenfamilie

Rabenmutter sitzt zusammengesunken auf dem Sofa und strickt. Die weißen und roten Wollfäden auf ihrem Schoß lassen den Anfang einer Weihnachtsmannmütze erahnen. Rabenmutter arbeitet schnell, wirkt jedoch entmutigt.

Rabenmutter: »Mir bleiben nur noch 48 Stunden, wenn ich die Mütze für Baby bis zum 25. fertighaben möchte. Das schaffe ich nie. Es sei denn ...«

Mitten in der Reihe tauscht sie ihre Stricknadel Nr. 4 gegen eine Stricknadel Nr. 6 aus. Kurz darauf betrachtet sie ihr Werk erneut, als sähe sie es zum ersten Mal, und gibt einen befriedigten Seufzer von sich: Die Mütze wird morgen früh fertig sein, und Baby wird überhaupt nichts merken.

In diesem Moment betritt Große Tochter das Zimmer. Sie wirft einen zweifelnden Blick auf die Weihnachtsmannmütze, dann schaut sie Rabenmutter an.

Große Tochter: »Du hast noch zwei Tage.«

Rabenmutter verbraucht schlagartig 745 Kalorien. Sie ahnt, dass sie sich in naher Zukunft noch weiter verdünnisieren wird.

3. Aufzug – Abend – Küche der Rabenfamilie

Rabenmutter stürzt sich verbissen mit einem riesigen, frisch geschärften Messer auf einen Sellerie und wirft die Stücke dann in rauchendes Öl.

Rabenmutter (grummelnd): »Die Wahrheit ist, dass der Weihnachtsmann, also ... hmmm. Um ehrlich zu sein, ich habe den Weihnachtsmann noch nie gesehen, aber das will nicht unbedingt heißen, dass ... dass ... Nein. Sie will die Wahrheit. Schatz, der Weihnachtsmann ist eine wunderbare Legende, die einzig und allein zu dem Zweck erfunden wurde, dass wir so viel Geld wie möglich ... Ach, was soll's, Mist! Warum muss ich überhaupt diejenige sein, die ihr die Wahrheit sagt, he?« *Sie dreht sich zu Rabenvater um, der in aller Ruhe Bohnen putzt.* »Warum machst du das eigentlich nicht?«

Rabenvater: »Ich finde, es ist ein sehr großer Vertrauensbeweis für dich. Sie weiß genau, dass ich sie belügen würde wie ein Kesselflicker.«

Rabenmutter: »Du kannst doch gar nicht lügen.«

Rabenvater: »Das habe ich ihr aber nicht erzählt, als ich ihr schwören sollte, die Wahrheit zu sagen ...«

Rabenmutter: »Mistkerl!«

Rabenvater (unerschütterlich): »Ich finde ›Schlitzohr‹ passender.«

Rabenmutter reißt die Karotten und den Brokkoli an sich und beginnt, alles wild zu zerhacken. Das Messer funkelt und spiegelt sich in wilden Blitzen an den Wänden wider. Rabenvater entfernt sich unbemerkt.

Heute Abend wird die Suppe besonders viele Vitamine enthalten.

4. Aufzug – Morgens – Schlafzimmer
von Rabenmutter und Rabenvater

Der Weihnachtsmorgen. Die ganze Familie sitzt gemeinsam im ehelichen Bett und öffnet Geschenke. Rabenvater schlürft einen Kaffee, und Rabenmutter trinkt etwas Orangensaftähnliches, allerdings aus einem Cocktailglas. Von ihren zauberhaften Kindern umringt, versinken sie zunehmend unter einem Berg Geschenkpapier.

Baby und Große Tochter spielen begeistert mit ihren neuen Spielsachen (die in wenigen Wochen in »der alte Mist, der überall herumfliegt« umgetauft werden). Große Tochter ist besonders begeistert von ihrem Mini-Winnie-Puh in Sternform. Dieses Geschenk hat sie sich, Gott allein weiß warum, am meisten gewünscht.

Rabenvater (leise): »Heute.«

Rabenmutter (in etwas zu erfreutem Tonfall): »Was glaubst du, weshalb ich schon bei meinem vierten Mimosa bin?«

Rabenvater (leicht beunruhigt): »Wirst du es schaffen?«

Rabenmutter (in einem Tonfall, der noch eine Spur erfreuter klingt): »Wegen dem Weihnachtsmann, meinst du? Oh ja! Ich habe eine ausgezeichnete Lösung gefunden. Alles im grünen Bereich.«

Jetzt ist Rabenvater endgültig beunruhigt. Er geht seinerseits in die Küche und macht sich einen Mimosa. Doppelte Dosis Sekt – besser gut vorbereitet sein.

Große Tochter: »Mama?«

Rabenmutter (die mit einem plötzlichen Schluckauf zu kämpfen hat): »Ja, mein Herz?«

Große Tochter: »Weißt du noch? Heute wirst du SIE mir sagen. Die Wahrheit.«

Rabenmutter: »Oh, aber ja! Stimmt ja. Nun, mein Schatz, es ist so: Es gibt keinen Weihnachtsmann! Ah, ah, ah! *Hicks!*«

Große Tochter: »Was??? Es gibt ihn nicht? Aber ... aber ... Er hat mir doch meinen Winnie Puh gebracht. Ich hatte ihn mir in einem Brief gewünscht, den ich ihm extra geschickt habe ...«

Rabenmutter: »Einem Brief? Ach ja! Also bitte, Schatz! *Hicks!* Du hast mich diesen verflixten Brief zwei Mal lesen lassen. Und dann hast du uns die Ohren wirklich genug mit diesem Winnie Puh vollgeheult. Selbst der fünftnächste Nachbar hätte noch gewusst, was er dir zu Weihnachten schenken soll.«

Große Tochter: »Aber ... aber ... du hast doch gesagt, dass man den in keinem Geschäft finden kann, diesen Winnie Puh hier?«

Rabenmutter: »Stimmt.«

Große Tochter: »Also wie, wenn es nicht der Weihnachtsmann war ...«

Rabenmutter: »Ich sage nur eins: eBay.«

Große Tochter bedeckt ihr Gesicht mit den Händen und fängt an zu schluchzen.

Rabenvater (aus der Küche, wo er seinem Cocktailglas eine dreifache Dosis Alkohol zufügt): »Bravo. Also das, wirklich, das ist große Klasse. Ich gratuliere.«

Rabenmutter würdigt ihn keiner Antwort. Mit einer einstudierten Handbewegung holt sie einen Beutel unter ihrem Kopfkissen hervor und leert ihn auf dem Bett aus.

Rabenmutter: »Aber, aber, Schatz. Nicht weinen. Schau mal, bei eBay haben sie deinen Winnie Puh mit allen Weihnachtsfiguren zusammen verkauft.«

Hingerissen betrachtet Große Tochter die Mini-Winnie-Puhs in Form eines Weihnachtsbaums, einer Weihnachtssocke, eines

Weihnachtsmanns und eines Engels, die jetzt verstreut vor ihr
liegen.

Große Tochter: »Aber … Mama! Wie toll!«

Rabenmutter (bescheiden wie immer): »Ich weiß.« *Dann in Richtung Rabenvater:* »Another mimosa for the winner des letzten
Satzes, por favor!«

Liebevoll und begeistert betrachtet Große Tochter jeden einzelnen Mini-Winnie-Puh. Doch nach einigen Minuten blickt sie
auf.

Große Tochter: »Mama, wenn ich nicht die Wahrheit über den
Weihnachtsmann hätte wissen wollen, hättest du mir dann nur
den Stern-Winnie-Puh gegeben?«

Rabenmutter: »Ja.«

Große Tochter: »Und was hättest du mit den anderen Winnie
Puhs gemacht? Hätte ich sie nie bekommen?«

Rabenmutter, strahlend: »Oh, keine Sorge, ich hätte andere Gelegenheiten gefunden, sie dir zu schenken. Ich hätte sie zum
Beispiel in einem Osterei versteckt oder unter dein Kopfkissen
gelegt, wenn du einen Zahn verlierst …«

Große Tochter: »In ein Osterei? Unter mein …? Willst du damit
sagen, dass es den Osterhasen und die Zahnfee …«

Rabenmutter: »Ups.«

Große Tochter rennt in ihr Zimmer: »Wääääääääääähhhhhh!«

Rabenvater: »Also das … chapeau, sehr geschickt.«

Rabenmutter: »Lass den Sekt, hol die große Flasche Gin. Danach
sehen wir weiter.«

Wie Sie den Weihnachtsmann aus der Welt schaffen

Vor dem 24. Dezember in die Schultasche Ihres Kindes zu legen

Lieber Junge/liebes Mädchen,
du liest soeben deinen allerersten anonymen Brief. Was für ein Glück du hast. Wusstest du, dass nur sehr wichtige Menschen anonyme Briefe erhalten? Im Allgemeinen kommt ein anonymer Brief von jemandem, der uns sehr unangenehme Dinge mitteilen möchte, ohne dass man ihm dafür die Augen auskratzen kann. Ich kann dich aber beruhigen: Deine eigene Mutter würde niemals etwas so Feiges tun, von daher kann sie keinesfalls die Urheberin dieses Briefs sein.
Die unangenehme Sache, die dir jemand anderes als deine Mutter gerne anonym mitteilen möchte, ist folgende: Den Weihnachtsmann, diesen großzügigen, guten, mit Omega-Fettsäuren gemästeten Genießer, der deine jugendliche Fantasie mit überschäumenden, wundervoll verpackten Hoffnungen erfüllt, nun, diesen Weihnachtsmann, den gibt es nicht.

Ich wiederhole, nur so für alle Fälle: *Es gibt keinen Weihnachtsmann.*

Ich kenne dich, liebes Kind (auch wenn ich nicht deine Mutter oder was auch immer bin). Du bist rhetorisch mit allen Wassern gewaschen und wirst schlagkräftige Einwände erheben. Wie kann das sein, dass es den Weihnachtsmann nicht gibt, wenn er doch so munter die Kekse aufisst, die du ihm in der Weihnachtsnacht auf einem kleinen Teller hinstellst? Bitte, sei jetzt sehr stark, wenn du der harten Realität ins Auge blicken musst: Es ist dein Vater, der nachts aufsteht, um die Kekse zu essen (und, glaube mir, nicht nur an Weihnachten. Die Sache mit dem nächtlichen Snack macht er ungefähr vier Mal pro Woche. Deine Mutter muss dir nicht umsonst alle drei Tage neue Schokokekse kaufen.)

Ich höre dich immer noch empört protestieren, dass es den Weihnachtsmann geben muss, weil er schließlich jedes Jahr auf den netten Brief antwortet, den du ihm schickst. Armer Schatz, ich habe wirklich schlechte Neuigkeiten für dich. Die Zeit ist gekommen, deine unschuldigen Augen zu öffnen und dir eine riesige und hässliche Verschwörung anzusehen. Glaube mir, in Wirklichkeit werden alle Briefe an den Weihnachtsmann (Nordpol, HOHOHO) direkt an einen Spielwarenkonzern weitergeleitet. Diese skrupellosen Kapitalisten antworten den Kindern schnellstmöglich, dass diese – oh ja, selbstverständlich – all die wunderbaren Spielsachen bekommen werden, die auf ihrer Liste stehen und von denen sie so träumen. Die Eltern, *deine* Eltern, werden damit zu Gefangenen dieser eigennützigen Versprechungen. Sie haben schließlich kaum noch eine andere Wahl, als sich zeit- und geldmäßig zu ruinieren, um ebenso lächerliche wie unwahrscheinliche Dinge aufzutreiben wie einen als Seestern verkleideten Winnie Puh oder eine Drachenfigur, die aussieht wie ein betrunkener Transvestit beim Karneval in Rio.

Du wirst mir entgegenhalten, dass das unmöglich ist, dass deine Eltern sich nicht dermaßen ruinieren können! Leidenschaftlich wirst du erklären, dass es, wie jeder weiß, die *Weihnachtswichtel* sind, die jedes Jahr kostenlos die Spielsachen herstellen, die der Weihnachtsmann dann in seinen Sack steckt und an deine Freunde in der ganzen Welt verteilt. Doch ein Blick auf den anliegenden Kreditkartenauszug wird dich überzeugen, dass, sollte es tatsächlich irgendwelche Weihnachtswichtel geben, diese kleinen Männlein ganz und gar den Gesetzen der Marktwirtschaft gehorchen.

Außerdem musst du wissen, dass die meisten Wichtel, von denen du sprichst, nicht am Nordpol leben, sondern in China und dass sie, wenn überhaupt, dann nur deswegen grün sind, weil sie täglich 18 Stunden mit ihren zarten, zerschundenen Händchen minderwertigen Plunder herstellen, den ihre schändlichen Bosse zum Großhändlerpreis an die oben erwähnten Spielzeugkonzerne verkaufen werden – die uns diesen Schund dann am Ende mit großer Verstärkung vor dem Komma wieder andrehen. All das nur, damit kleine Kapitalistenkinder wie du keinen Nervenzusammenbruch erleiden, falls das Laserschwert von Luke Skywalker unglücklicherweise unter dem Weihnachtsbaum fehlen sollte. (Übrigens, im nächsten Jahr wirst du sicherlich einen anonymen Brief wegen dieses verdammten Weihnachtsbaums und all denjenigen bekommen, die ihn schmücken, ohne dass sie ihrer Mama helfen wollen, im Januar alles wieder aufzuräumen.)

Ich hoffe, mein lieber kleiner Schatz, dass diese Geschichte mit dem Weihnachtsmann nun ein für alle Mal erledigt ist. Ich weiß, dein Herz hat geblutet und deine schönen Träume liegen nun allesamt in Scherben auf dem schlammigen Boden deiner verlorenen Unschuld. Doch du kommst bald in die fünfte Klasse, und wenn deine Klassenkameraden sich dann über die paar Dummköpfe lustig machen, die immer noch an den dicken, rot gekleideten Mann mit dem langen weißen Bart glauben, wirst du dem Autor dieses Briefs aus tiefstem Herzen danken, der dafür gesorgt hat, dass du durch dein heutiges schmerzhaftes Erwachen dich vor dem Sarkasmus deiner Cliquenanführer bewahrt hat.

Ich wünsche dir dennoch frohe Weihnachten, mein Schatz. Du wirst wahrscheinlich schöne Geschenke bekommen, doch an deiner Stelle würde ich nicht zu sehr auf einen als Seestern verkleideten Winnie Puh zählen.

Gezeichnet: Jemand, der es gut mit dir meint (auch wenn es nicht deine Mama ist)

....

Kinder, das ist ekelhaft

....

Apokalypse in 5, 4, 3 ...

Meine Damen, möchten Sie dem Leben Ihrer Familie ein wenig Würze verleihen? Dann gehen Sie.

Nein, nein! Nicht gleich den Koffer packen. Wenn ich sage »Gehen Sie«, dann meine ich damit, es reicht, wenn Sie fünf Minuten weggehen.

Beispielsweise letzten Samstag, da brauchten wir Pommes als Beilage zu den Muscheln (man heiratet nicht ungestraft einen Belgier). Um Großer Tochter zu zeigen, dass die Kultur nicht mit dem Lesen von Comicheften endet, ist Rabenvater damit beschäftigt, ihr *Louis' unheimliche Begegnung mit den Außerirdischen* auf DVD zu zeigen. Damit die DVD aber überhaupt irgendwelche Töne von sich gibt, muss Rabenvater die Filme einlegen (er hat jede Menge Dinge hinten am Fernseher angeschlossen, absichtlich, damit Sie sich inkompetent fühlen). *Folglich* gehen Sie freiwillig Pommes holen.

Gut, da ist natürlich auch noch die Tatsache, dass die Jungs hinter der Theke im Goldhähnchen-Grill, wo Sie immer hingehen, auch recht schnuckelig sind, und wenn ich schnuckelig sage, dann meine ich auch schnuckelig. Da ist so ein breitschultriger Kerl, aber nicht zu breit, die Art Schwimmlehrer-Typ, und der läuft immer in einem engen T-Shirt herum – und ein anderer, der hat so ein Lächeln ... Schon allein der Anblick, wenn sie ihre Pommes in das heiße Öl tauchen ... Doch ich schweife ab.

»Gut, meine Lieblinge, ich bin dann in fünf Minuten zurück.«
Und fünf Minuten später sind Sie zurück im Hort der Familie.
Wo Baby lauthals brüllt.
Wo Große Tochter Ihnen hysterisch erklärt, dass irgendetwas
»wirklich E-KE-LIG, Mama!!!!« passiert ist.
Und wo Rabenvater aussieht wie Robinson Crusoe nach einem
besonders anstrengenden Tag, was sage ich, einer besonders an-
strengenden Woche auf einer unwirtlichen Insel, nachdem Frei-
tag geflohen ist und ihn gemeinsam mit einem inkontinenten
Kapitän seinem Schicksal überlassen hat.
Die verschiedenen Aussagen, die Ihnen von allen Seiten entge-
genschallen, gestatten Ihnen eine ungefähre Rekonstruktion
der Geschehnisse.
»Es war ekelhaft!« (Große Tochter)
»Also, Baby hat sich den Fuß im Hocker eingeklemmt, und ich
habe versucht, ihn herauszuholen, aber das hat ihr wehgetan.«
(Rabenvater)
»Es war ekelhaft!« (Große Tochter)
»Aber das Schlimmste ist vorher passiert.« (Rabenvater)
»Jepp, das war ekelhaft!« (Große Tochter)
»Ich habe zusammen mit Großer Tochter den Film geguckt, und
Baby ist hier herumgelaufen ...« (Rabenvater)
»Es war ekel-haft!« (Große Tochter)
»... und hatte keine Windel an.« (Rabenvater)
»Es war ekelhaft!« (Große Tochter)
»Plötzlich höre ich seltsame Geräusche ...« (Rabenvater)
»Eklig!!!« (Große Tochter)
»... und dann sehe ich, wie sie auf dem Boden sitzt und irgend-
etwas in den Mund steckt ...« (Rabenvater)

»Es war ... !« (Große Tochter)

»Es sah aus wie zwei Köttel ...« (Rabenvater)

»Bäääh!« (Große Tochter)

»... und sie hatte was davon im Mund.« (Rabenvater)

»Mama, das war wirklich richtig ekelig.« (Große Tochter)

»Ich habe sie überall gewaschen, jetzt geht's.« (Rabenvater)

»Aber es war ekelig.« (Große Tochter)

Fünf Minuten, stellen Sie sich das einmal vor. Nur fünf Minuten!

Am nächsten Tag erzählt Rabenvater die Geschichte Sophie, um zu sehen, wie sie darauf reagiert.

»Ich habe wirklich kein Detail ausgelassen«, erklärt er mir anschließend, »weil ich sehen wollte, ob ich sie aus der Fassung bringen kann.«

»Und was hat sie gesagt?«

»Sie hat gemeint: ›Du hättest es selbst in den Mund stecken sollen, das Kacka!‹«

Das hat mich wirklich umgehauen. Ganz im Ernst, ich hatte das Gefühl, einem Schlüsselmoment der menschlichen Evolution beizuwohnen, wie jemand, der in seinem Hinterhof einem Neandertaler dabei zusieht, wie er einen Stein behaut, um daraus sein erstes Rad zu machen.

Denn ganz ehrlich, ich will verdammt sein, wenn Rabenvater nicht Zeuge einer primitiven und rudimentären Form des umgangssprachlichen Ausdrucks »Friss oder stirb« geworden ist.

Hach, Zivilisation ist doch was Feines.

Nach dem Leistungssport

Schimpfworte sind ordinär, da bin ich ganz Ihrer Meinung. Aber die Zeiten sind hart, und wir haben alle eine lange Woche vor uns, da werden uns so ein paar schlimme Worte, wie Große Tochter sie nennt, doch nicht umhauen.

Und deswegen, sozusagen live aus der Hölle von Rabenmutter, »extreme Kinder und Wörter«. Unter den gegebenen Umständen sind es sowohl die Wörter als auch die Kinder, die hier extrem sind.

Damit Sie die Geschehnisse in vollen Zügen genießen können, müssen die Protagonisten ein wenig in Szene gesetzt werden.

Rabenvater: Doktor der Physik, der es liebt, einfach jedem alles und nichts zu erklären, einschließlich der Kinder. Hierfür bedient er sich eines äußerst liebenswürdigen Tonfalls, der darauf abzielt, dass sich jeder seiner Gesprächspartner bis zu einem Intelligenzquotienten von 22 absolut wohlfühlt. Ich liebe es, wenn Rabenvater Dinge erklärt. Manchmal hilft es mir abends sogar beim Einschlafen.

Sophie: die Tochter von Freunden, die in der Nähe wohnen. Diese Menschen sind in jeder Hinsicht korrekt, und ihre beiden ersten Sprösslinge sind auch überaus wohlerzogen. Daher ist Sophie ein umso größeres Rätsel. Ich habe nie zuvor ein dermaßen blasiertes fünfjähriges Kind gesehen. Was auch immer Sie ihr erzählen, es ist ihr gleichgültig. Im Allgemeinen antwortet sie übrigens nicht, wenn man mit ihr spricht, und falls sie zufällig geruhen sollte, auf unser Rufen zu reagieren, dann nur mit einem grenzwertig höflichen »Wassnlos?« oder »Wassndas?«.

Glücklicherweise hat sie noch keine Bekanntschaft mit dem Mittelfinger gemacht, denn von diesem Tag an werden wir alle in den Genuss seines Einsatzes kommen. Ihre zur Schau getragene Überheblichkeit wird andererseits gewissermaßen ausgeglichen durch eine Schnüfflertendenz, die sich auf alles bezieht, was sie nichts angeht, und zu jenen »Wassiss? Wassiss?« führt, die die Untermalung aller Gespräche bilden, die nicht mit ihr geführt werden.

Rabenvater, Sophie … Ihnen ist klar, welcher Kulturschock sich hier anbahnt?

Eines schönen Nachmittags kommt Rabenvater aus dem Badezimmer – in seinen Armen Baby, die in ein großes Badetuch aus 90 Prozent Bambus gewickelt ist. Erstaunlicherweise ist dieses Bambus-Badetuch extrem weich, und Rabenvater kann sich gar nicht genug über dieses Phänomen auslassen. Da Sophie und Große Tochter gerade in der Gegend sind, ergreift Rabenvater die sich ihm bietende Gelegenheit, ein wenig Kultur in die Welt zu tragen.

Rabenvater: »Sag mal, Sophie, weißt du eigentlich, was das ist, Bambus?«

Sophie: »Wassndas?«

Große Tochter, ganz Musterschülerin: »Das ist das, was die Pandas essen!«

Sophie: »Wassndas?«

Rabenvater: »Ja genau, das ist das, was Pandas essen. Es ist im Wesentlichen ein Holz, aber man kann daraus auch Garn machen. Und (Trommelwirbel!) das Handtuch von Baby ist aus Bambusfasern hergestellt. Das ist ganz weich, schau mal.«

Dabei nähert Rabenvater sich Sophie mit einem Blick, der annehmen lässt, er wolle ihren Arm mit besagtem Handtuch berühren. Sophie, die noch zwei Sekunden zuvor wirkte wie jemand, dem man während eines Geschäftsessens etwas von Riesterrente, Pensionsfonds und Bestattungsvorsorge erzählt, weicht plötzlich zurück und kreischt quiekend: »HEYYY! Willnich nach ARSCH riechen!«

Woraufhin beide Kinder in den Keller flüchten.

Ich sehe Rabenvater an, Rabenvater sieht mich an.

Wäre das unsere Tochter gewesen, hätten wir das wohl nicht besonders witzig gefunden.

Doch ich gestehe, wir lachten wie die Irren. Jedes Mal, wenn Sophie wieder hoch in die Küche kam, hielt ich mir vorsichtig und angeekelt die Nase zu, und wir brachen erneut in Gelächter aus, was unweigerlich zu einem Schwall ängstlicher »Wassiss? Wassiss?« führte.

Irgendwann haben wir uns beruhigt, doch Rabenvater musste die Situation hinterhältig ausnutzen und mich besorgt fragen: »Schatz, sag mir die Wahrheit. Stimmt es, dass mein Bambus nach Arsch riecht?« Aus der Ferne erklang ein »Wassiss?«, und unser Gelächter ging in die nächste Runde.

An diesem Abend fiel es mir sogar schwer, Baby ihr Schlaflied vorzusingen, ohne dabei zu lachen.

Allerdings zieht in der Ferne hinter dieser Heiterkeit eine dunkle Wolke auf: Vielleicht wird uns das Lachen noch vergehen, wenn Große Tochter und Sophie in die Pubertät kommen?

Mich juckt's! Mich juckt's!

Rabenvater: »Heute hat Sophie mit Großer Tochter ›Wahrheit oder Pflicht‹ gespielt. Große Tochter hat sich für Pflicht entschieden.«

Rabenmutter: »Und was ist dabei herausgekommen?«

Rabenvater: »Kratz dich am Po.«

Rabenmutter: »Kratz dich am Po?«

Rabenvater: »Ja.«

Rabenmutter: »Bist du sicher, dass Sophie nicht gesagt hat: ›Kratz *mich* am Po‹?«

Schweigen.

Rabenmutter: »Ich wollte nur sichergehen.«

Rabenvater: »Das hätte ich verhindert!«

Akzeptiere das Schwein in dir ...

Kennen Sie den Glaubenssatz, wonach sich jede gute Tat irgendwann rächt?

Glauben Sie mir, es stimmt. Ich habe es selbst erlebt. Und heute werde ich davon Zeugnis ablegen.

Vor einigen Wochen hatten Große Tochter und ich einen Ausflug in einen wunderschönen Freizeitpark geplant. Zur Freude von Großer Tochter war das Picknick inbegriffen. Meiner Ansicht nach gibt es nichts Langweiligeres, als Brote zu schmieren, aber ich habe mich dann auf die zukünftigen idyllischen Szenen konzentriert – das Seeufer mit all den Spechten, Enten und Eichhörnchen – und mir eingeredet, die Sache wäre die Mühe wert.

Die Vorbereitungen waren schnell erledigt, und wir waren schon fast unterwegs, als plötzlich im Fenster ein Schatten auftauchte, der meinen schlimmsten Albträumen entstiegen zu sein schien ... Sophie!

»Mama, denkst du auch, was ich gerade denke?«, flüsterte mir Große Tochter zu. Was denn? Meinst du, wenn wir uns auf dem Boden zusammenrollen und uns tot stellen, dann geht sie wieder? »Wir sollten sie fragen, ob sie mitkommen will.« Ach so, okay. Was für eine geniale Idee, ich bekomme geradezu Gänsehaut.

Sophie wurde folglich ordnungsgemäß eingeladen. Nachdem sie eingewilligt hatte, besaß sie immerhin die Feinfühligkeit, mich zu warnen.

Sophie: »Tschuldigung, kann sein, dassich was nach Schwein stink.«

Rabenmutter: »Wie bitte?????«

Sophie: »Wir war'n gestern wo, da war'n ganz viele Schweine.«

Rabenmutter: »Und gestern Abend hast du nicht gebadet?«

Sophie: »Ach doch, ey, aber ich fühl mich nich wirklich sauber.«

Grummelnd fabrizierte ich ein drittes Sandwich für das Ferkel vom Dienst, und dann zogen wir los in Richtung der mit zartem Klee bestandenen Wiesen und Felder.

Im Park verging die Zeit in verhältnismäßig angenehmer Atmosphäre. Jedenfalls größtenteils. Während wir die blühenden Kastanien (Maronenbäume? Irgendwas anderes? Wie dem auch sei, es waren Bäume) bewunderten, übernahm Große Tochter die Aufgabe, Sophie über die Wunder der Natur zu belehren.

Große Tochter: »Sag mal, Sophie, wusstest du eigentlich, dass Bäume atmen?«

Sophie: »Ja, ey, die leben doch.«

Große Tochter: »Schon, aber wusstest du, dass sie es sind, die dafür sorgen, dass wir atmen können?«

Sophie: »Hä?«

Große Tochter, die die Dinge gerne auf andere abwälzt: »Mama, erklärst du uns das?«

Rabenmutter: »Hm. (Wie war das noch gleich?) Also tagsüber stoßen sie die schlechte Luft aus, und nachts nehmen sie die schlechte Luft dann wieder und machen gute daraus.« (Gestern Abend hat Rabenvater mir bestätigt, dass es eigentlich mehr oder weniger genau umgekehrt ist. Aber vielleicht können wir uns ja darauf einigen, dass es einerseits Worte gibt und andererseits eben den Sinn hinter den Worten, ja?)

In diesem Moment streckt Große Tochter nach Art von Julie Andrews in *Meine Lieder – meine Träume* die Arme gen Himmel, legt den Kopf in den Nacken, atmet tief ein und ruft: »Das riecht so GUT, GUTE SAUBERE LUFT!«

Der perfekte Augenblick für Sophie, um hinzuzufügen: »Ja, ey, ich hab halt gepupst!«

Idyllisch, die Szene, ich sag's Ihnen.

Wie bei jedem schönen Ausflug, der etwas auf sich hält, ist es irgendwann Zeit zu gehen, und es stellt sich die Frage nach einem Eis.

»He, Rabenmutter, sachma, gehma noch ein Eis essen?«

»SUPER IDEE, SOPHIE!!! Oh, ja, Mama, sag Ja!«

Um es gleich vorwegzunehmen: Ich gestehe, dass es mir immer ein wenig Magenschmerzen bereitet, für Sophie Geld auszugeben. Allerdings erkenne ich auch den kleinlichen Geizkragen in mir, wenn er nach meinem Geldbeutel grapscht, und so überwand ich mich, ihrer Bitte doch irgendwie nachzukommen.

Unter gewissen Bedingungen.

»Hört zu, Mädels. Baby ist müde. Ich würde daher lieber sofort heimfahren, aber ich mache euch ein Angebot. Wenn Baby nicht weint, bis wir bei der Eisdiele sind, und wir dort gleich am Eingang, bei den Kassen, einen Parkplatz finden und die Schlange nicht allzu lang ist und ihr mir versprecht, ganz ruhig im Auto sitzen zu bleiben, dann flitze ich ganz schnell rein und hole euch euer Eis. Okay?«

»JAAAAA!!!«

Hahaha! Sie waren mir auf den Leim gegangen! Niemals würden alle diese Bedingungen gemeinsam erfüllt sein.

Sie waren erfüllt.

Ich fühlte mich zwar ein wenig unbehaglich bei dem Gedanken, die Mädchen allein im Wagen zu lassen, aber gut: Große Tochter ist sieben Jahre alt, das Viertel ist ruhig, und außerdem konnte ich sie durch die großen Fensterscheiben im Auge behalten. Im Notfall wäre ich mit vier Sprüngen am Auto. Ich würde also das Eis holen und dabei von einem störenden Schuldgefühl geplagt sein.

Zwei Minuten später, mit der Uhr in der Hand, war ich bereits wieder am Auto. Seufzer der Erleichterung, nein, der Euphorie! Alles war gut gegangen!

»Wie heißt das, Mädels?«

»Danke, Mama!«

»Danke, DU WAHNSINNIGE!«

»... Äh, Sophie, ich hoffe, dir ist klar, dass wenn du dich jetzt nicht sofort entschuldigst, dann war das das letzte Mal, dass ich dich in die Eisdiele mitgenommen habe.«

»Warum, stimmt doch, du bist WAHNSINNIG, dass du uns GANZ ALLEIN IM AUTO LÄSST!«

Ich schloss die Augen. Durch meinen Kopf schossen bruchstückhafte Bilder davon, wie Sophie mein Verbrechen bei ihren Eltern ausschmückte. Von erzürnten Nachbarn, die vor meinem Haus aufmarschierten, wobei sie einander zuraunten, dass man ja von Leuten, deren Rasen zu lang war, wohl kaum etwas anderes erwarten könne. Vom Jugendamt, das meine weinenden Kinder wegbrachte, irgendwohin, weit weg von mir. Von Rabenvater, der die Gunst der Stunde nutzte, um mir Belgier-Witze zu erzählen.

Vor allem aber, man möge mir verzeihen, wurde mein ganzer Körper vom Widerhall eines inneren Aufschreis geschüttelt: »Kleines Miststück!!!«

Ich hatte sie in den Park mitgenommen. Ich hatte ihr für 2 Euro ein Eis gekauft. Ich hatte ihr sogar ein Sandwich gemacht.

Und sie, sie legte den Finger auf meinen wundesten Punkt und drückte dann auch noch ganz fest zu.

Mit zitternden Händen klammerte ich mich an das Lenkrad, das hervortretende Weiß an meinen Knöcheln ließ deutlich erkennen, dass Morde mit Sicherheit schon aus weit geringerem Anlass begangen wurden.

Sie war erst fünf Jahre alt? Na und?! Ich hasste sie.

Schließlich antwortete ich tonlos: »Sophie. Ich habe euch die ganze Zeit über beobachtet. Ich war kaum fünf Meter vom Wagen entfernt. Wäre es irgendwie anders gewesen, hättest du kein Eis bekommen.«

Schweigen.

»Also, entschuldigst du dich?«

Erneutes Schweigen, dann: »Tschuldigung. Können wir noch mal wiederkommen?«

»Aber klar, Sophie. Oder, Mama, wir kommen noch mal wieder?«

Oh ja, mein Schätzchen. Wir kommen wieder. Zu zweit.

Allerdings hoffe ich, dass dir eines bewusst ist: Mit Sophie und ihrem Eis, damit ist es ein für alle Mal aus und vorbei!

Plötzlich fing es an, im ganzen Auto nach Schwein zu stinken. Nach richtig dickem Schwein. Und ich habe mich sehr gut in diese neue Rolle eingefunden.

Die wichtigste Mahlzeit des Tages

Dieses Wochenende hatte ich meine dreieinhalbjährige Nichte zu Besuch, und natürlich habe ich die Kinder, so wie jeder andere es unter den gegebenen Umständen auch getan hätte, am Sonntag mit zu den Großeltern genommen.

Im Auto: drei Kinder. Die überwiegende Zeit: die Hölle. Wenn die eine nicht weinte, weil sie ihren Nuckel verloren hatte (der Klassiker), verfing die andere sich mit dem Arm in ihrem Wickelschal und wäre fast erstickt (ganz was Neues).

Dennoch war das Auto der Ort, an dem ich den lustigsten Moment des gesamten Wochenendes erlebte.

Große Tochter: »Wir spielen Sachen raten.«

Nichte: »Jaaaaaaa!«

Große Tochter: »Ich fange an. Es ist braun, man kann es trinken …«

Nichte: »Milch?«

Große Tochter: »Nein. Es ist *braun*.«

Nichte: »Ich gebe auf!«

Große Tochter: »Nein, jetzt doch noch nicht. Es ist ganz einfach. Es ist braun, man kann es trinken und … UND (*es ist klar, dass sie das ultimative Indiz gefunden hat*) deine Eltern trinken es jeden Morgen zum Frühstück.«

Nichte: »Aaaaaa! Jaaaaa! Ein großes Glas Wein.«

Gut, okay, sie hat es mit dem Mittagessen verwechselt, doch wie sagte Rabenschwester so schön, als ich ihr diese Geschichte erzählte, es gibt durchaus Tage, da würde sie schon ganz gerne …

Ich bin doch nicht blöd! Oder doch?

Elternsein ist manchmal ziemlich beschämend. Nicht, dass wir uns für unsere Kinder schämten, nein (obwohl ...), aber für uns selbst, was sich unter bestimmten Bedingungen wunderbar in dem Ausdruck »Mann, bin ich blöd!« zusammenfassen lässt.

Frei nach dem Media-Markt-Werbeklassiker »Ich bin doch nicht blöd«, nun also Rabenmutter in »Mann, bin ich blöd«.

Baby, Große Tochter und ich sitzen im Auto. Im dichten Verkehr. Ich habe es besonders eilig, nach Hause zu kommen, weil Baby, statt zu schlafen, beschlossen hat, das Märtyrer-Kind zu spielen und so lange aus voller Kehle zu brüllen, wie ich sie in ihrem Autositz angeschnallt lasse.

Große Tochter hingegen rutscht unruhig hin und her. Ununterbrochen. Ich versuche – trotz des Geschreis der einen und der Arme, Beine und Zöpfe der anderen, die regelmäßig in Höhe der Handbremse in mein Blickfeld geraten –, mich auf die Straße zu konzentrieren.

Die Minuten sind lang, sehr lang.

Rabenmutter: »Schatz, bitte setz dich anständig hin.«

Große Tochter: »Hast du einen Stift?«

Rabenmutter: »Schatz, es ist sehr viel los, ich muss auf die Straße achten, ich kann jetzt keinen Stift suchen.«

Doch während ich ablehne, wühlt meine rechte Hand bereits zwischen den Sitzen und erwischt einen Stift.

Rabenmutter: »Du hast Glück, ich habe einen. Hier.«

Große Tochter: »Danke.«

Okay, konzentrieren wir uns auf den Ver...

Große Tochter: »Hast du ein Blatt?«

Mir entweicht ein tiefer, langer Seufzer. Nicht zu vergessen, dass Baby während der gesamten Zeit brüllt, weiter brüllt und noch lauter brüllt.

Rabenmutter: »Schatz, ich fahre. Wir haben sehr viel Verkehr. Das ist jetzt nicht der richtige Moment, um ein Blatt zu suchen.«

Meine rechte Hand, die heute offenbar beschlossen hat, konsequent darüber hinwegzugehen, was meine linke tut, nämlich ordnungsgemäß lenken, wühlt erneut zwischen den beiden Sitzen und kehrt mit einem alten grünen Parkschein zurück.

Rabenmutter: »Du hast Glück, hier ist ein Zettel. Da.«

Große Tochter: »Danke.«

Gut, konzentrieren wir uns auf den Ver... (zu meiner Rechten erscheint ein zappelndes, haariges Etwas).

Rabenmutter: »Schatz, hör auf, *herumzuzappeln!*«

Große Tochter: »Aber mein Gurt hängt fest.«

Rabenmutter: »Das liegt daran, dass du die ganze Zeit herumzappelst. Mach ihn kurz los und schnall dich wieder an, aber beeil dich.«

Große Tochter: »Ich will aber doch den Zettel auf den Vordersitz legen.«

Rabenmutter: »Das ist jetzt nicht der richtige Moment dafür.«

Ringsherum Autos, gellende Schreie im Wageninneren und Große Tochter, die trotzdem weiterhin versucht, sich zwischen den beiden Sitzen nach vorne zu quetschen. Ein kleiner grüner Zettel landet auf der Wickeltasche.

Rabenmutter: »*So, jetzt reicht's.* Ich bin echt sauer. Du störst mich, du bleibst einfach nicht sitzen, und das ist gefährlich. Wenn du dich jetzt nicht endlich anständig hinsetzt und sitzen bleibst, bis wir zu Hause sind, dann passiert was! Hast du mich verstanden?«

Große Tochter: »Aber ...«

Rabenmutter: »Es reicht. Du. Bleibst. Sitzen!«

Schweigen. Selbst Baby hat aufgehört zu brüllen. (Muss ich mir Sorgen machen? Diese Frage stelle ich mir nicht einmal.) Große Tochter sieht ein wenig unglücklich aus, aber das ist mir jetzt, ehrlich gesagt, egal. Die Sicherheit im Auto ist mir superwichtig, und Große Tochter hat gerade meine Grenzen überschritten.

Wir schleichen noch weitere zwei Kilometer im Schnecken-tempo voran. Endlich, endlich! kommt die Ausfahrt von dieser Höllenautobahn, und wir sind in unserem geliebten Vorort, auf unserer vergötterten Landstraße.

Kaum haben wir diesen Albtraum hinter uns gelassen, beruhigt sich der brodelnde Kessel wieder, und ich fühle mich ein wenig beschämt, weil ich mich so habe gehen lassen. Während ich an-setze, Großer Tochter zum Trost etwas Nettes zu sagen, fällt mein Blick, noch bevor ich aussteige, auf den kleinen grünen Zettel: »ICH HAB DICH LIEB, MAMA.«

Und jetzt alle: Oh Scheiße!

Große Tochter: »Deshalb wollte ich ihn vorne hinlegen ...«

Natürlich wurden alle liebevollen Sätze gesagt, doch es war zu spät. Allen Entschuldigungsgründen der Welt zum Trotz, das Gefühl, mich grauenhaft blöd benommen zu haben, blieb wie ein hartnäckiger Fleck an meinem Gewissen haften, und kein Meister Proper der Welt würde es jemals schaffen, diesen Fleck wieder zu entfernen...

Anekdote für Regentage

Was gibt es Schöneres als Sex?

Und was könnte einen mehr in Panik versetzen als Fragen zum Thema Sex?

Große Tochter wird bald sieben Jahre. Natürlich haben wir den Bereich »Fortpflanzung« im Verlauf der letzten anderthalb Jahre besprochen – andernfalls hätte sie meinen immer dicker werdenden Bauch sicher merkwürdig gefunden. Doch Große Tochter gehört nicht zu denen, die diesbezüglich viele Fragen stellen. Sehr viel häufiger musste ich mich mit ihr über Fragen unterhalten wie »Was ist wichtiger, Moral oder Religion?« (die Moral, weil sie zuerst kommt, und kommen Sie mir jetzt bitte nicht mit der Henne und dem Ei an) oder »Warum rufen sie immer ›Nein zum Krieg, Ja zum Frieden‹, zum Beispiel in der Straße mit der 30er-Zone?« (weil sie gelyncht würden, wenn sie »Ja zum Krieg, Nein zum Frieden« rufen würden).

Kurzum, bisher beschränkt sich Sexualität für Große Tochter vor allem auf Gelächter, wenn sie Papas Zipfel sieht, und ich werde mich ganz sicher nicht darüber beschweren. (Papa auch nicht. Etwas anderes wäre es, wenn ich über seinen Zipfel lachen würde ...)

Was nicht heißt, dass ich nicht meinen würde, auf alle Eventualitäten vorbereitet zu sein. Ich befinde mich eigentlich in einer G. E. H (gesunden Erwartungshaltung). Wobei diese G. E. H. vor einigen Monaten einer harten Prüfung unterzogen wurde. Die Bombe ging hoch, als wir alle drei gemütlich beim Mittagessen saßen.

Große Tochter: »Mama, darf ich dir eine, äh, eine sexuelle Frage stellen?«

Okay, Mama, es ist so weit. G. E. H. prüfen – sieht alles funktionstüchtig aus … GO, GO, GO!

Rabenmutter: »Jaahaa?«

Große Tochter: »Bist du sicher, dass es dich nicht stört? Es ist eine etwas, äh, sexuelle Frage, ja?«

Rabenmutter, äußerst konzentriert: »Nein, nein, überhaupt nicht. Leg los, mein Schatz.«

Große Tochter: »Äh, wo geht das hin …«

(Kleiner Einschub: Sie kennen das doch, wenn jemand, der dem Tod so gerade eben noch von der Schippe gesprungen ist, erzählt, dass er sein ganzes Leben noch einmal an sich hat vorbeiziehen sehen? Also, was mich angeht, so war es eine ganze Myriade von Möglichkeiten, die an meinem verwirrten inneren Auge vorüberpurzelten.

Äh, wo geht das hin … der Zipfel? Ganz einfach! Ins Zipfelloch natürlich. Also jedenfalls meistens. Wie, »meistens«? Äh, hör zu, frag deinen Vater. Und untersteh dich, bei Google nachzusehen. Äh, wo geht das hin … das Ei? Welches Ei? Das von Papa oder das von Mama? Wie, das weißt du nicht? Dann erkundige dich das nächste Mal vorher, bevor du Fragen stellst, verflixt!

Jedenfalls, wenn du von Papas Ei sprichst, nun, das liegt im Nest. Welchem Nest? Na, dem Nest, das an dem Zweig ist, der seinerseits an dem Ast hängt. Und der Ast, das ist ganz einfach, der ist an dem Baum. [Wow! Mir war der didaktische Wert des Lieds »Drunt' in der grünen Au« bisher völlig entgangen.] Und wenn du es wirklich ganz genau wissen möchtest, nun, dann steht der Baum in der Erde. Q. E. D.

Ende des Einschubs.)

Rabenmutter: »Hm. Was meinst du denn, Schatz?«

Große Tochter: »Wo geht das hin, äh, das Kacka, nachdem man die Spülung gedrückt hat?«

Rabenmutter: »Hmm. Pffft… Ähm, Verzeihung, ich habe an etwas anderes gedacht. Gut, also, das geht in die Kanalisation und dann ins Abwasser wie bei *Nemo*. Ähm, entschuldige, Schatz, ich muss mal auf die Toilette.«

Einige Minuten später, wieder beruhigt, hoffe ich wirklich, dass sie mich nicht bitten wird, das Ganze über Google zu recherchieren.

Rabenmutter: »Tja, weißt du, Schatz, Kacka, das hat nicht wirklich was mit Sex zu tun.«

Große Tochter: »Okay. Und der Zipfel? Ist der sexuell?«

Rabenmutter: »Ja.«

Große Tochter: »Ach ja.«

Wie es Rabenvater gelungen ist, bei diesem Gespräch ernst zu bleiben, weiß ich bis heute nicht. Wobei, wenn es darum geht, wer zuerst lacht, verliere ich sowieso jedes Mal.

Und keine Sorge, es gab noch ein paar zusätzliche Erklärungen. Das Allerwichtigste natürlich: Sex ist das, was mit den Babys zu tun hat. Für alles andere werde ich Großer Tochter eine Sammlung Volkslieder auf CD schenken. Damit hat sie dann Material genug, um ausgiebig über Sex zu meditieren.

Das Neue Testament – Version Sophie

Kurz vor dem Mittagessen klingelt Sophie an der Tür, um ein Viertelstündchen mit ihrer Freundin zu schwatzen. Große Tochter heißt sie folgendermaßen willkommen:

»Sag mal, Sophie, kennst du Jesus?«

»Äh … jepp.«

»Ich habe nämlich Comichefte mit Jesus. Willst du die mal sehen?«

»Äh … jepp.«

(Nebenbei bemerkt, das sind *meine* Jesus-Comics. Die meine Großmutter Therese mir geschenkt hat, als ich klein war. Ich habe sie geliebt. Und Große Tochter, die zu ihrem großen Bedauern nicht getauft ist, liebt sie ebenfalls. Jesus, das ist eine wunderschöne Geschichte. Mal sehen, ob Sophie damit irgendetwas anfangen kann …)

Die Mädchen gehen in den Keller, um sich dort über die biblischen Verse herzumachen. Zehn Minuten später ist das Essen fertig. Sophie verabschiedet sich.

Während wir alle vor einem wunderbaren Mahl sitzen, das Dero bescheidene Dienerin zubereitet hat, erklärt Große Tochter:

»Mama, manche sagen, es ist sexy, sich auf den Mund zu küssen, wenn man ganz nackig ist. Aber ich finde nicht.«

Rabenmutter und Rabenvater: »Wer? Was? Wie???«

Große Tochter: »Das stimmt, ne, manche sagen das. Aber ich finde nicht.«

Rabenmutter: »Wer hat dir gesagt, dass das sexy ist?«

Große Tochter: »Sophie vorhin.«

Jepp, meine sehr verehrten Damen und Herren.

Was soll ich sagen? Da ist mir doch all diese Jahre ein ganz wichtiger Aspekt entgangen, was den Besuch des Erzengels Gabriel anbelangt.

Unglaubliche Tipps und rabenschwarze Tricks

Rabenmutters Anti-Trick

Gut, habe ich mir heute Morgen gesagt, Muttertag ist vorbei, wir können wieder damit aufhören, die Brust herauszudrücken und auf superperfekt zu machen. Schluss damit, alle in dem Glauben zu wiegen, dass in diesem Haus nur Rabenvater Quatsch macht. Wir werden uns jetzt am Riemen reißen und endlich die Wahrheit sagen.

Es ist an der Zeit, so habe ich mir heute Morgen gesagt, den Kopf wieder aus dem Sand zu nehmen, die Ärmel hochzukrempeln, meinen Stolz hinunterzuschlucken, mein schönstes Büßergewand anzuziehen und Ihnen Von Dem Mal Zu Erzählen, Als Ich Ganz Besonders Blöd War.

Es war einmal eine Rabenmutter, die Baby etwas zu essen kochte. Da ich meinte, irgendwo einmal gelesen zu haben, dass man dem Baby ein Eigelb vermischt mit Hülsenfrüchten geben solle, falls es kein Fleisch oder Tofu bekommt, fing ich an, mit der Gabel Kichererbsen zu zerquetschen, von denen ich in mühsamer Kleinstarbeit die durchsichtige Haut abgezogen hatte, damit Baby nicht daran erstickt. Mit der Gabel zerquetscht, das habe ich erwähnt, weil, wie Meister Yoda sagen würde, Mixerprobleme unser Haushalt hatte.

Das dergestalt zubereitete Püree hätte Baby durchaus erfreuen können, wären da nicht die Bröckchen gewesen. So sehr ich mich nämlich auch bemühte, alles zu zerquetschen, einige kleine Ministückchen dieser verdammten Kichererbsen besaßen die Frechheit, dem gabelbewehrten Angreifer Widerstand zu leisten. Und für ein Baby von weniger als acht Monaten sind auch Ministücke Kichererbsen äußerst hart und ärgerlich.

Nach einigen umgehend per Eilsendung an den Absender zurückgeschickten Bissen musste ich mich den Tatsachen beugen: Zwischen den Kichererbsen-Minibröckchen und mir würde es keine Win-Win-Situation geben. Und da ich die einzige von uns beiden war, die über ein Gehirn verfügte, musste ich mich der Situation gewachsen zeigen. Ich musste sie also irgendwie pulverisieren.

Allerdings war es, Sie erinnern sich, nicht möglich, den Mixer zu verwenden. Ein Haarsieb wäre ideal gewesen, doch ein solches fehlte in meinem umfangreichen (*hüstel, hüstel*) Bestand an Küchengeräten leider. Ein Nudelsieb? Der Versuch offenbarte schnell, dass die Löcher zu groß waren, um diese Aufgabe ordnungsgemäß zu erfüllen.

Das war der Moment, in dem ich die geniale Idee zu einer Jahrhunderterfindung hatte.

Und das war auch der Moment, in dem mir alles ziemlich zu entgleiten begann, meine sehr verehrten Damen und Herren. Denn genau hier kam das »einfach mal« ins Spiel, das der Ausgangspunkt aller Dummheiten ist.

Wer braucht schon ein Haarsieb, überlegte ich in meiner großen Weisheit, stopfen wir das bröckelige Püree doch einfach in einen Waschlappen (ja, Sie haben richtig gelesen) und drücken es durch. Dann wird schon das glatte Püree herauskommen, während die bösen Stückchen einfach im Waschlappen bleiben. In meiner Vorstellung funktionierte das wunderbar. Die geschickte Umsetzung eines einfachen physikalischen Gesetzes.

Leider hatte ich vergessen, dass nicht ich es bin, die in diesem Haushalt einen Doktortitel der Physik ihr Eigen nennt.

Ich werde Ihnen verraten, was passiert, meine Damen und Herren, wenn man Püree in einen Waschlappen stopft. Alles Wasser tritt aus dem Püree aus, während der nahrhafte Rest sich in ein trockenes, bröseliges Magma verwandelt – ein Magma, das man anschließend aus dem Inneren des Waschlappens herauskratzen muss.

Ich hatte etwas erfunden, was zugleich das Gegenteil von praktisch und die Antithese von appetitlich war.

Ich schwöre Ihnen, bis zu dem Moment, als ich sah, wie lediglich Wasser aus dem Waschlappen kam, hegte ich nicht den leisesten Verdacht, etwas völlig Idiotisches zu tun. Diese Erkenntnis traf mich erst mit voller Wucht, als die brokkoligrüne Flüssigkeit in die Schüssel tropfte.

Hatte ich wirklich gerade Babys Essen in einen Waschlappen gestopft???

Aber, so werden Sie sicher fragen, wann hat sich diese beschämende Episode denn abgespielt? Wahrscheinlich ist das passiert, als Große Tochter noch ein Baby war und Sie, Rabenmutter, noch eine blutige Anfängerin in Sachen Kindererziehung waren? Äh, nun ja, nein, liebe Freunde. Das war vor drei Wochen.

Los, lacht schon. Krümmt euch vor Lachen, das freut mich und ist kostenlos. Doch vergesst eines nicht: *Keiner ist davor gefeit.*

Abends, als ich Rabenvater von meiner brillanten Versuchsreihe erzählt habe, hatte dieser folgenden geistreichen Kommentar zu bieten:

»Tja, das hast du dann wohl ziemlich versiebt, oder?«

Der Kerl ist halt doch ein Witzbold.

Wie oft sollte man
eine Frage überdenken?

....

Okay, okay, okay.

Zu guter Letzt muss ich jetzt wohl doch mal etwas ordinär werden. Denken Sie nur: Da verkehrt man 15 Jahre lang mit Aristoteles, Descartes, Hobbes, Kant, Rousseau und Heidegger, und dann lässt man sich ein einziges Mal gehen, ein winziges kleines Mal nur, und liest einen Roman von Xaviera Hollander, und jetzt fragen Sie sich, was da nicht stimmt?

Seufz.

Doch es ist nicht allein meine Schuld. Eigentlich sind die Kinder schuld. Denn, wissen Sie, die Unschuld ist nicht das Gegenteil der Obszönität. Nein, ganz ohne es zu wollen, kann sie diese sogar erst provozieren. Als Beweis hier ein paar Anekdoten, die Sie daran erinnern sollen, dass es immer besser ist, erst einmal herauszufinden, was genau sich dahinter verbirgt. (Hinter der Frage selbstverständlich. Aber Sie können natürlich machen, was Sie wollen, solange Sie bei sich zu Hause bleiben.)

Ich erinnere mich nicht mehr genau, wie es zu dieser Geschichte kam, doch wahrscheinlich stammt sie aus der Familie (erstaunlich, oder?). In Szene gesetzt werden ein vierjähriger Sohn und sein Papa.

»Papa, was ist ein Pariser?«

»Äh, ein Pariser?«

»Ja.«

»Das, äh, das ist, wenn ein Papa und eine Mama kein weiteres kleines Baby machen wollen, äh ...«

»Aber was *ist* das?«

»Äh, das ist eine Art Tüte, damit das Baby nicht in die Mama hineinkommt. Und die muss man über den ... äh ...«

»Das ist eine Tüte?«

»Ja, eine Art Plastiktüte.«

»Das ist dann ein Pariser?«

»Ja.«

»Und das hat die Tante in Frankreich kennengelernt?«

Nun ja, liebe Freunde. Der Kleine sprach in der Tat von einem Pariser.

Da ich die sexuellen Fragen von Großer Tochter gewohnt bin, tappe ich nicht so leicht in die Falle. Aber gestern Abend hätte sie mich fast erwischt.

»Mama, was heißt das, ›jungfräulich‹?«

»Pff, jungfräulich ... (Grrr.) Das heißt ... dass ... du ... (Achtung! Alarmstufe rot! Lass dich nie dazu hinreißen, etwas zu erklären, was nicht erklärt werden will!) Äh ... in welchem Zusammenhang meinst du denn ›jungfräulich‹?«

»Dieses Feld soll jungfräulich bleiben.«

»Ach so (ach, ach!), das heißt, dass man nichts darauf bauen darf.« (*We are the champions, my frieeeeends ...*)

Das Schlimmste ist jedoch, dass manchmal genau das Gegenteil passiert. Man hält eine Frage für völlig unverfänglich, und dann ...

Große Tochter: »Mama, was heißt ›stechen‹?«

Rabenmutter: »Stechen? Aber das kennst du doch. Stechen ist so etwas wie pieksen.«

Große Tochter: »Tsss, Nein, das meine ich nicht. ›Stechen‹, aber nicht pieksen ...«

Rabenmutter: »Stechen wie was?«

Und das war dann der Moment ... Kennen Sie das Lied *Dort oben auf dem Berge*? Zu dieser Melodie sang Große Tochter mir nun die folgende Umdichtung vor:

»Was heißt denn hier stechen,

Ihr redet euch raus,

Wir ziehen, wenn nötig,

Die Hosen schon aus.«

Ah ja. Stechen.

Von jetzt an werde ich Rabenvater in derartigen Situationen das Mikro übergeben. Was mich angeht, so werden Sie mir sicher verzeihen, wenn ich alle weiteren Fragen nur noch in Gegenwart meines Anwalts beantworte.

... der werfe den ersten Stein

In einem Internet-Diskussionsforum für Mütter war eine Mutter sehr besorgt, weil ihr Baby, obwohl sichtlich hungrig, sich weigerte, die Milch anzunehmen. Saft, ja. Wasser, immer. Aber das Milchfläschchen wurde einfach nicht angerührt, Baby wandte sich jedes Mal voller Abscheu ab. Drama: Wo sollte Baby die für sein Wachstum unerlässlichen Vitamine herbekommen? In seinem Alter findet es die erforderlichen Nährstoffe ja noch nicht wie die Erwachsenen in einer Tasse anständigem Kaffee. Und auch für Vitaminkapseln ist es noch zu klein. Diskussion zwischen Papa und Mama: Muss man Baby so lange dursten lassen, bis es keine andere Wahl mehr hat und seine Milch trinkt? Muss man mit ihm in die Notaufnahme?

Bis die Mutter schließlich merkte, dass der Sauger am Fläschchen kein Loch hatte. Ja, Sie haben richtig gelesen: kein Loch. Das Baby konnte die Milch nicht trinken, weil keine Milch kam. Es war nicht angewidert, sondern unsagbar frustriert. Und die Mutter geißelte sich nun selbst und bat uns, sie zu steinigen, so schrecklich fand sie sich. Woraufhin ich ihr antwortete: Immer mit der Ruhe! Alle Eltern haben Anekdoten dieser Art zu erzählen – wenn sie sich denn trauen.

Eine meiner Tanten hatte ihr Baby zu einem Arbeitsmeeting mitgenommen. Als sie wieder zu Hause war, klingelte das Telefon: »Hast du nicht was vergessen?« Ups! Baby war im Konferenzraum zurückgeblieben. Meine Tante hat die Ruhe während der Rückfahrt wohl sehr genossen ...

Ich persönlich habe mich ganz besonders dumm gefühlt und hatte den Eindruck, jeglicher Vorstellung einer respektablen Mutter zu widersprechen, als wir eines Freitagmorgens gemeinsam mit Großer Tochter eine gute halbe Stunde – oh ja – an der Ecke standen und auf den Schulbus warteten. Wie bitte? Was macht der Bus denn nur? Warten wir noch fünf Minuten oder sollen wir zur Schule fahren? Bis dann ein Nachbar auf die Straße trat: »Warten Sie auf den Schulbus? Der kommt heute nicht, heute ist doch schulfrei.«

Öffentliche Beschämung wird völlig unterschätzt: Sie ist ein ausgezeichnetes Mittel, das Ego desjenigen, der ihr zum Opfer fällt, auf ein akzeptables Maß zu reduzieren, und außerdem hebt sie die Laune der Nachbarn.

Ein anderer meiner Klassiker, den ich lieber vergessen würde: Ich spielte mit Großer Tochter, die damals vier Jahre alt war, Monster. Irgendwann erklärte ich ihr mit schrecklicher Grabesstimme, dass ich mir den Körper ihrer Mutter angeeignet hätte (bereits an dieser Stelle ist deutlich erkennbar, mit welch überdurchschnittlicher Intelligenz Rabenmutter ausgestattet ist). Während der kleine Schatz mich anflehte, wieder seine Mama zu werden, setzte ich, wie man so schön sagt, dem Ganzen die Krone auf: »Selbst wenn du glaubst, dass es deine Mutter ist, die mit dir spricht, es bin immer IIICCHH, die HIIIEER ist.« Woraufhin Große Tochter anfing zu zittern und in Papas Armen Zuflucht suchte. Meine gesamte Familie hat mich zu dieser Geschichte »beglückwünscht« ... und es tut mir heute noch leid.

Und zu guter Letzt noch eine Anekdote über Rabenvater, der Baby fütterte.

Rabenvater: »Ich habe versucht, ihr Birnen zu geben, wie du gesagt hast, aber das hat ihr nicht wirklich geschmeckt.«

Rabenmutter: »Ach, echt? Das ist ja seltsam, eigentlich sind das die einzigen Früchte, die sie gerne mag.«

Rabenvater: »Ich habe wirklich versucht, die Birne so klein wie möglich zu schneiden, aber irgendwie sah es so aus, als hätte sie große Schwierigkeiten, sie zu schlucken.«

Rabenmutter: »Äh, Schatz. Baby ist fünfeinhalb Monate alt. Wenn ich sage: ›Gib ihr Birne‹, dann meine ich das Birnenmus im Eisfach der Kühltruhe.«

Rabenvater: »...«

Rabenmutter: »...«

Rabenvater: »Woher sollte ich das wissen? Ist doch wahr, oder?!« Doch ganz unabhängig von den kleinen Missgeschicken des elterlichen Daseins, wichtig ist nur, dass man aus diesen Fehlern lernt. Ich bin mir sicher, dass die Mama aus dem Diskussionsforum nie mehr ein Fläschchen geben wird, ohne vorher das Loch zu überprüfen. Was mich angeht, so checke ich nun sorgfältig an jedem Monatsanfang die freien Tage. Und Sie können jede Wette eingehen, dass die Monster, denen Baby begegnen wird, so dermaßen liebenswürdig und freundlich sein werden, dass es schon langweilig ist.

Und Rabenvater? Oh, das erinnert mich gerade daran, dass Rabenvater auch versucht hat, Großer Tochter rohe Karotten zu geben, als sie gerade einmal acht Monate alt war. Nun gut, Pech für ihn! Er hat seine Chance gehabt. Von nun an wird er zum Windeldienst abgestellt. Für immer und ewig.

Glücklicherweise hat er sich noch nie allzu sehr vor den Monstern gefürchtet, die gelegentlich Babys Windeln heimsuchen.

Aus Rabenmutters Trickkiste: Idealgewicht

Sie sind gerade eben Mama geworden? Falls ja, dann hat Leugnen überhaupt keinen Sinn, auch Sie sind auf der Suche nach unser aller Gral, besser bekannt unter dem Namen »Vorschwangerschaftliches Gewicht«.

Sollten Erschöpfung und durchwachte Nächte allein nicht ausreichen, um Ihre frühere Figur zurückgewinnen, hier ein absolut fantastischer Trick, dem kein Kilo widerstehen wird: Setzen Sie sich eine psychologische Grenze, die keinesfalls überschritten werden darf – sagen wir 70 Kilogramm. Klettern Sie dann auf Ihre Waage. Und nun aufgepasst, der nächste Schritt ist entscheidend und erfordert unglaubliche Konzentration, andernfalls war alles umsonst. Sobald die Anzeige bei 69 Kilogramm angelangt ist, SPRINGEN SIE UMGEHEND VON DER WAAGE HERUNTER. Ich habe es ausprobiert, es funktioniert jedes Mal! Eine psychologische Lösung für einen psychologischen Grenzwert, das ist schließlich immer noch besser als nichts, oder?

....

Drogen, ja bitte – äh, ich meine natürlich: nein danke!

....

Letztens kamen im Radio Nachrichten zum Thema kolumbianisches Drogenkartell (dem es, nun ja, nicht wirklich schlecht ging). Ich hielt das für einen geradezu idealen Moment, um Große Tochter vor den mit Drogen verbundenen Gefahren zu warnen.

Weiß man denn heutzutage noch, womit die Kinder in der zweiten Klasse der Grundschule auf dem Pausenhof so in Kontakt kommen? Bei allem, was man in unserer verkommenen Zeit so in den Schlagzeilen liest, ist es durchaus möglich, dass zu den Spielen, die dieses Jahr gerade in sind, auch Ballon-Sniefen oder Graffiti-Prostitution gehören. Doch lassen Sie uns umsichtig vorgehen, lassen Sie uns die Probleme eines nach dem anderen lösen und fangen wir zunächst damit an, unsere Kinder vor gefährlichen Süchten zu warnen.

Und ich meine jetzt tatsächlich die Gefahren, nicht die Freuden. Denn auch wenn wir selbst in grauer Vorzeit ein wenig mit ein paar unerlaubten Substanzen herumexperimentiert haben – was die späteren Politiker anging, selbstverständlich ohne jemals richtig zu inhalieren –, so hatten wir doch, das muss man einfach feststellen, eine Reife und Welterfahrung, wie sie unsere eigenen Kinder *niemals* haben werden. Weshalb es absolut vernünftig ist, dass sie genau das tun, was wir ihnen sagen, und nicht das, was wir getan haben. Dass sie sich das gesagt sein lassen, und zwar für die kommenden Jahrhunderte.

Rabenmutter: »Schatz, weißt du eigentlich, was (*drohende Musik*) Drogen sind?«

Große Tochter: »Ja!«

Rabenmutter: »Wie? Echt???«

Große Tochter: »Zigaretten und Alkohol. Übrigens STEHEN BEI UNS DROGEN IM KÜHLSCHRANK!«

Rabenmutter: »Ja, gut, wobei ..., es gibt Ärzte, die sagen, ein Glas Rotwein am Tag soll gesund sein.«

Große Tochter: »Da steht aber Bier im Kühlschrank.«

Rabenmutter, diplomatisch: »... aber du hast natürlich recht, Zigaretten sind Drogen.«

Vor allem, wo ich nicht rauche.

Große Tochter: »Ich werde NIEMALS so Drogen nehmen wie Zigaretten oder Alkohol.«

Rabenmutter: »Das ist sehr gut. Unterschreib das bitte hier.« (*Nein, ich habe natürlich nicht gesagt:* »Unterschreib das bitte hier.« *Aber es hat mich in den Fingern gejuckt.*) »Du weißt aber auch, dass es noch andere Drogen gibt, die sehr gefährlich sind.«

Große Tochter, äußerst interessiert: »Was denn zum Beispiel?«

Rabenmutter: »Drogen, die dich Dinge sehen lassen, die es nicht gibt. Ich persönlich verliere nicht gerne die Kontrolle über mich selbst, deshalb habe ich das nie ausprobiert.«

Mit anderen Worten: Schatz, deine Mutter ist supergehemmt. Übrigens hat der Lehrer in einem Baladi-Bauchtanz-Kurs, den ich vor Ewigkeiten mal gemacht habe, zu einer Schülerin gesagt, ihre Hände seien zu unbeweglich, zu einer anderen, ihre Hüfte sei zu steif. Deiner Mutter hat der Lehrer gesagt, ihr Kopf sei zu unbeweglich. *Cogito ergo sum nulla baladista.* Doch ihren begeisterten Blicken entnehme ich, dass Großer Tochter die existenziellen Probleme ihrer Erzeugerin vollkommen gleichgültig sind.

Große Tochter: »Man sieht dann *Dinge*, die es nicht gibt?«

Rabenmutter: »Ja, man hat Halluzinationen. Man sieht dann beispielsweise grauenhafte Krabbeltiere, die einen auffressen wollen.«

Doch die Augen von Großer Tochter blicken weiterhin begeistert, und die grauenhaften Krabbeltiere sind ihr völlig gleichgültig. In ihrem Zimmer sind sowieso jede Menge Spinnen.

Große Tochter: »Das ist ja toll, so eine Droge möchte ich gerne mal nehmen. Dann kann ich das Schloss von Harry Potter sehen.«

Rabenmutter, die irgendwie das Gefühl hat, als würden die Dinge nicht ganz so gut laufen: »Äh, man kann sich aber nicht wirklich aussuchen, was man da so sieht! Vielleicht wärest du dann die Gefangene von Voldemort oder irgendetwas noch Schlimmeres! Vielleicht müsstest du sogar mit Tinkiwinky im Sandkasten spielen!«

Große Tochter, total enttäuscht: »Ach, oh! Dann nehme ich das also lieber nicht ...«

Uff.

Gesprächsbilanz: durchwachsen. Betrachten wir das Thema, was Zigaretten und Alkohol angeht, für erledigt.

Nächstes Mal muss ich aber darauf achten, den Fokus *nicht* auf irgendwelche halluzinatorischen Auswirkungen zu richten, die potenziell eher cool sind, sondern besser auf die wahrscheinlichen Hirnschädigungen wie den Verlust der Schließmuskelkontrolle, Zellen, die spontan Feuer fangen, oder das Austreten einer merkwürdigen grauen Substanz aus den Ohren.

Ja, das ist es, das sollte ganz gut funktionieren.

....

Allgemeiner Aufruf

....

Letzte Woche bekam ich eine E-Mail von einer NJ (nette Journalistin), die wissen wollte, welche alternativen Hilfestellungen Eltern in einem Blog so finden können. Ich persönlich finde ja, dass ein Blog eher dazu dient, Leuten alternative Hilfestellungen zu geben, die mal fünf ~~Stunden~~ Minuten Pause machen wollen, ohne es ihrem Chef zu sagen (das ist zumindest das, was ich mache, auch wenn ich mein eigener Chef bin), doch ich will ja kein Spielverderber sein. Ich habe der NJ zu ihrer großen Freude also angeboten, dass wir sie alle gemeinsam darin unterstützen, elterliche Tricks zu sammeln, die man in normalen Handbüchern nicht findet.

Ich habe insbesondere zwei Tricks, die, wie Sie sehen werden, wirklich unglaublich sind. Sie werden mir noch mal auf Knien dafür danken.

1. Baby wacht mitten in der Nacht auf, weil es seinen Schnuller sucht. Ihre langjährige Erfahrung flüstert Ihnen ins Ohr, dass besagter Schnuller irgendwo zwischen Matratze und Wand eingeklemmt ist, doch dummerweise ist es überhaupt nicht praktisch, ihn im Dunklen morgens um drei auf Knien rutschend zwischen dem Gebrüll Ihres Nachwuchses und den Wollmäusen zu suchen. Die Lösung? Gewisse, übelwollende Menschen werden jetzt sagen, dass es an der Zeit ist, Baby von seinem Schnuller zu entwöhnen, worauf Sie nur antworten: »Können Sie das bitte noch einmal wiederholen, etwas lauter, ich habe gerade eine Banane im Ohr!« Echte Weisheit zeichnet sich eher dadurch aus, dass Sie zur Schlafenszeit fünf oder sechs weitere

Schnuller in Babys Bett verteilen. Nachdem es ein wenig blind herumgetastet hat, ist es dann schnell wieder zufrieden – ohne Ihren Schlaf stören zu müssen. Genial, oder?

2. Große Tochter braucht Ewigkeiten, um sich morgens anzuziehen. Sie steckt ein Bein in ihre Unterhose und kann dann bis zu zehn Minuten mit irgendeinem Blödsinn zubringen, bevor sie sich dazu durchringt, das andere Bein einzuloggen. Leider ist jetzt immer noch erst die Unterhose angezogen, und der Bus steht bereits an der Straßenecke. Was tun? Einige mitleidige Seelen werden Ihnen raten, morgens früher aufzustehen, worauf Sie ihnen antworten: »Geht ein Mann um die Ecke, ist der Baum weg.« Die Lösung besteht aber vielmehr darin, die Uhr am Herd auf zwei Minuten zu stellen und zu rufen: »Ich wette, dass mein kleiner Schatz es nicht schafft, schneller zu sein als die Eieruhr und nicht in zwei Minuten fertig angezogen ist!« Eine Minute achtzehn Sekunden später ist die Sache erledigt. Ich schwöre Ihnen, das funktioniert sogar mit Erwachsenen. Stellen Sie die Eieruhr und hopp! dem Wettkampfaufruf kann niemand widerstehen. Die Herausforderung muss angenommen werden! Allerdings rate ich davon ab, bei gewissen anderen Tätigkeiten die Eieruhr einzusetzen.

Nun gut, das sind meine Tricks. Ich wette, Sie haben auch ein paar, die noch keinen Rost angesetzt haben. Die möchten wir gern kennenlernen. Verflixt, die NJ will sie kennenlernen. Los, ich stelle die Eieruhr auf zwei Minuten, und ich wette, Ihnen fällt in der Zeit kein einziger Trick ein, ätschibätsch …

Friedhof der Kuscheltiere

......

Die Abenteuer eines singenden Hundes

Unsere Weitwegfreunde sind glückliche Eltern eines charmanten Mädchens und eines ferngesteuerten Hundes. Sie wissen doch, diese Stofftiere, die anfangen zu hüpfen und zu singen, wenn man leichtsinnigerweise irgendeinen Punkt ihrer Anatomie berührt. Gibt es in allen gut sortierten Apotheken zusätzlich bei Verschreibung eines Antidepressivums.

Dieser Wauwau, ein entfernt labradorähnlicher Hund mit gelbem Regencape und einem Schirm in der Hand, gehörte zu jenen, die bei der geringsten Provokation anfingen, *Singing in the Rain* anzustimmen. Zwar verfügte er eigentlich über die zauberhafte Stimme von Gene Kelly, doch seine Batterien gingen langsam dazu über, ihr Leben auszuhauchen, sodass Bello seine Melodien mit verängstigten Quieksern spickte. Ich liebte dieses Wesen und nutzte jede Gelegenheit, ihm das Pfötchen zu tätscheln und damit sein zauberhaftes Geleier anzustoßen.

Was ich dabei allerdings nicht bedacht hatte, war, dass unsere Gastgeber diesen Wauwau hassten. Und hassen ist noch freundlich ausgedrückt. Hätte man sie zusammen mit dem singenden Bello, einer Schere, einem Hammer und Streichhölzern ins Badezimmer gesperrt, ich garantiere Ihnen, dass das Tier keinen anderen Ausweg gefunden hätte als den durch die Toilettenschüssel.

Eigentlich hätte ich mir das natürlich denken können, denn mein eingeschworener Feind ist ein pfeifender und trommelnder Teddybär, für den ich in London ein Vermögen bezahlt habe und der, wie mir noch, bevor ich an der Kasse ankam, bereits klar war, viel zu viel Platz im Koffer wegnahm. Wem war dieser psychotische Kauf zu verdanken? War es die Schuld des Londoner *Fog*? Eines übermäßigen Genusses von *Fish & Chips*? Beides zusammen? Wie dem auch sei, der trommelnde Teddybär trieb seit fast drei Jahren sein Unwesen in unserem Haus, und seine Batterien zeigten keinerlei Anzeichen von Ermüdung. Das lässt erahnen, vor wie langer Zeit der bereits nicht mehr ganz taufrische singende Hund mit seinen Jugendsünden begonnen haben muss. Vor Urzeiten.

Und ich drückte seine Pfote. Und drückte erneut seine Pfote. Und noch einmal. Und noch mal. Und noch mal.

Doch das war noch nicht alles, ich sang auch begeistert mit meiner Fistelstimme dieses »Lalalalalala, lalalalalala, I'm siiiinging in the rain, I'm SIIIIINNNNNNGING IN THE RAIN ...« mit.

Bis ich während eines Mittagessens, als mich erneut die Sehnsucht nach musikalischer Untermalung überkam und, siehe da, Bello lag ja genau in Reichweite, bis ich also plötzlich den Blick bemerkte, den unsere Gastgeber einander zuwarfen. Nennen Sie mich ruhig Uri Geller, denn ihre Gedanken standen mir plötzlich glasklar vor Augen: »Verdammt, wird sie denn nie mehr damit aufhören, verflucht noch mal?«

Ich habe aufgehört, wobei ich dennoch von Zeit zu Zeit einen sehnsüchtigen Blick auf das musikalische Tierchen warf, das mir so viel Freude bereitet hatte.

Ich habe aufgehört, und trotzdem meinte ich bei unserer Abreise in ihren freundlichen Verabschiedungen mehr zu erkennen als reine und aufrichtige Gastfreundschaft. Sie dürfen mich ruhig Uri Geller nennen, aber ich spürte darin so etwas wie Erleichterung.

Sicher hat mir meine Fantasie da nur einen Streich gespielt.

Esoterischer Wauwau

Wussten Sie, meine Damen und Herren, dass Ihr Kind für einen vergleichsweise bescheidenen Obolus, der irgendwo zwischen 25 Euro und der Unendlichkeit des Sternenhimmels liegt, eine außergewöhnliche spirituelle Erfahrung machen kann? Und, was noch besser ist, direkt an Ihrem Ferienort?

Es ist ganz einfach. Fahren Sie irgendwohin, beispielsweise in die Berge. Nachdem Sie drei Mal um den Skilift herumgelaufen sind und festgestellt haben, dass die Warteschlangen für Trampolin und Bungee-Springen viel zu lang sind, müssen Sie erkennen, dass das Feriendorf – die getreue Nachbildung einer unbekannten Vergangenheit mit ganz eigenem Stil – Ihnen und Ihren nach großartigen Erlebnissen dürstenden Kindern nichts mehr zu bieten hat. Nichts, abgesehen vom Kinderatelier.

Doch ich warne Sie, besuchen Sie keinesfalls das Kinderatelier, wenn Ihre Kinder in der Schule Ethikunterricht haben. Denn im Ethikunterricht machen Ihre Kinder nur eines: Sie malen. Ich weiß, wovon ich spreche, Große Tochter hat dieses Jahr sehr viele Bilder angefertigt (und sie hat gelernt, dass man einen Rasen nicht betreten darf, wenn darauf ein entsprechendes Verbotsschild steht, was in unseren degenerierten Zeiten sicher kein schlechter ethischer Anfang ist).

Im Kinderatelier allerdings gibt es keine Bilder. Denn ein Bild ist nicht »spannend« genug, vor allem, wenn es nichts kostet. Nein, im Kinderatelier werden Ihre kleinen Lieblinge ein spirituelles Wesen erschaffen.

Zuerst einmal wählen sie seine körperliche Hülle (Große Tochter hat es auf einen Husky abgesehen, doch es gibt auch Hasen, Kätzchen, vielleicht sogar Hühner und Regenwürmer, was weiß ich). Anschließend werden Ihre Kinder ihren Hund mit einem ergriffenen Druck auf einen magischen Knopf ausstopfen. Sie merken, an diesem Punkt liegt die Gleichung ich = Gott bereits recht nahe.

Nun gut, die körperliche Hülle und das Stopfen, das beides ergibt noch keinen Lebenshauch. Das Schwierigste bleibt noch zu tun. Denn Ihre jeweiligen Gottheiten müssen noch eine Seele auswählen, um sie ihrem Hund in den Rücken zu stopfen (jeder weiß natürlich, dass die Seele der Hunde in ihrem Rücken sitzt). Sollte Ihr Kleiner einen blauen Stern wählen, so wird sein Hund glücklich werden; ein rotes Herz kennzeichnet ein liebevolles Stofftier, und ein gelber Stern garantiert ihm Freunde auf Lebenszeit. (Rabenvater fragt sich, was die Juden denken sollen, die hierherkommen, doch natürlich lassen wir uns von solchen historischen Kleinigkeiten nicht irritieren. Wir sprechen hier schließlich von der Seele eines Hundes!)

Anschließend muss er getauft werden. Ich weiß nicht, ob sie die Kinder in eine bestimmte Richtung hin ermutigen, doch der Husky ist mit einem recht esoterischen Namen heimgekommen – vielen Dank. Huisha? Oyshi? Irgend so etwas – selbst Große Tochter muss in ihrem Schöpfungszertifikat (so einer Art Geburtsurkunde, nur feierlicher) nachsehen, bevor sie mit ihm spielen kann.

Nun gut, ich wollte damit auch eigentlich nur sagen, dass wir, wenn die Religion die Schulen verlassen hat, nun wenigstens wissen, wohin sie gegangen ist.

Was mich angeht, so hätte ich mir wirklich gerne einen kleinen Hund gemacht, irgendeinen, wobei ich mich geweigert hätte, ihm eine Seele zu geben, und ihn Chuckie genannt hätte.

Doch an dieser Stelle standen mir dann keine weiteren bescheidenen Oboli mehr zur Verfügung.

Zur Sache, Schätzchen

Kinder sind etwas sehr Lustiges.

Sie machen total merkwürdige Dinge und denken, sie hätten etwas supertoll gemacht – und dann machen sie total geniale Dinge und meinen, sie hätten etwas angestellt.

Letztens beispielsweise hat sich meine dreieinhalbjährige Nichte, die Tochter von Rabenschwester, im Badezimmer eingeschlossen. Drei Minuten vergingen in absoluter Stille. Dann erklang diese Warnung durch die verschlossene Tür:

»Mama, was auch geschieht, komm nicht ins Badezimmer.«

(Ja, meine dreieinhalbjährige Nichte verwendet den Ausdruck »was auch geschieht«. Sie liebt auch folgenden Kommentar: »Mama, lass mich mein Leben leben, leb du deines!« Ich wusste es zwar bisher noch nicht, aber mir scheint es nunmehr offensichtlich, dass man dem Kind im Fernsehen *Seifenopern* zeigt).

Rabenschwester grübelte eine Viertelsekunde ernsthaft und gelangte dann zu der Schlussfolgerung, dass sie handeln müsse, denn wer weiß, was ein dreieinhalbjähriges, mit wasserfesten Filzstiften ausgestattetes Kind einer Toilettenschüssel antun kann.

»Schatz, hast du etwas angestellt?«

»Ja.«

»Was genau hast du denn gemacht?«

»Das möchte ich dir nicht sagen.«

»Ich werde nicht mit dir schimpfen. Ich möchte nur sicher sein, dass du nicht in Gefahr bist.« Oder dass die Toilettenschüssel nicht von Schneeweiß in psychodelische Sechziger übergegangen ist.

»Ich zerschneide einen Teddy mit der Schere.«

»Ach so, du zerschneidest einen Teddy! Sag das doch gleich, mein Schatz! Warte, ich bringe dir noch 20 andere, dann bist du für den Rest des Nachmittags beschäftigt.«

Okay, ich gestehe: Das hat Rabenschwester nicht geantwortet. Doch unter uns, sie war kurz davor. Denn wie alle Eltern wissen, ist jedes Stofftier ab dem fünften ein Stofftier zu viel (außer dem Stofftier aus dem Kinderatelier, das ja schließlich eine Seele besitzt).

Denken Sie daran. Fünf Stofftiere, das reicht gerade, um damit in der Schule zu spielen. Sechs Stofftiere führen schon zu Chaos auf dem Schulhof. Und sammeln Staub an. Und fliegen überall herum.

Und vor allem: Sie sind nicht wegwerfbar.

Es ist doch so: Hat ein Stofftier das Haus erst einmal betreten, wird man es nie wieder los. »Spielst du eigentlich noch mit diesem Stofftier?«, fragen Sie Ihr geliebtes Engelskind und fuchteln mit einem alten, räudigen und halb verschimmelten Teddybären vor seiner Nase herum, der irgendwelche merkwürdigen Gerüche von unter dem Bett ausdünstet. Und selbst mit zwölf Jahren wird geliebtes Engelskind Ihnen das Vieh mit einem vehementen »JA!« entreißen, so, wie man Gretel aus dem Ofen der schauderhaften Hexe reißen würde.

Wenn nun das geliebte Engelskind ein Stofftier zerschneidet, wird man da mit ihm schimpfen? Nein, meine lieben Freunde. Man wird es beglückwünschen und mit ihm zu McDonald's fahren.

Und wenn man zurückkommt, den Magen voll köstlicher Pommes, das Herz ebenso leicht wie das ausgestopfte Innenleben von Teddy, das auf den Fliesen des Badezimmers liegt, was macht man dann?

Man nutzt die Gunst der Stunde, das macht man! Man schenkt dem Engelskind einen Hammer und schließt es erneut im Badezimmer ein, dieses Mal in Begleitung aller Kinder-Überraschungs-Figuren.

Und dann, eingelullt von den sanften, nicht nachlassenden Klängen der unaufhörlich gequälten Plastikteile, frohlockt man nun.

Und schließlich, von einer plötzlichen Eingebung beseelt, macht man sich selbst ans Werk – mit einer Schere und den durchlöcherten Slips unserer geliebten zweiten Hälfte.

»Schatz, was auch geschieht, komm nicht ins Schlafzimmer ...«

Gestatten, Effi Briest mein Name

Rabenmutter geht zu weit

Ein Dienstagnachmittag im Juli. Das Wetter ist schön. Es ist heiß.

Die Sonne streichelt mit ihren goldbraunen Strahlen die bleiche Haut von Rabenmutter, die sich, trotz der hormonellen und vor allem geschmacklichen Gefahren dieser Mixtur, ebenso wie ihre Kinder mit LSF 45 einschmiert. Vielleicht schlägt der Blitz besonders schnell bei Leuten ein, die sich mit dem maximalen Lichtschutzfaktor einkleistern? *Who knows? Who cares?*
Genau in diesem Moment erscheint Jean-Louis X. am Steuer seines Ford Matrix. Im Rahmen dieser Geschichte wollen wir ihn Jean-Louis XXX. nennen.

Er ist der beste Freund von Rabenvater. Männlichen Geschlechts, wie sein Name bereits andeutet, nüchtern, bis auf Weiteres 30 Jahre alt. Ein von sich selbst eingenommener Mann, der sich zu benehmen weiß (er hat Weißwein mitgebracht) und einen gewissen Sinn für Humor besitzt (er hat Großer Tochter einen Comic mitgebracht mit dem Titel *Der kleine Vampir und die Kacka-Suppe*, das Schwein). Und, was meinen Sie? Zu allem Überfluss ist er auch noch Belgier.

Für Rabenmutter jedoch ist er vor allem eines: ein Erwachsener. Ein Mann zudem, der die Einsamkeit einer Mutter durchbricht, die gezwungen ist, 40 Mal pro Stunde Ratespiele zu spielen. Ein Mann, der allein durch seine Anwesenheit die Ängste der oben erwähnten Mama in Luft aufzulösen vermag, während sie sich über den Wickeltisch beugt und viel zu oft des Unaussprechlichen ansichtig wird.

Gut, alles, was Jean-Louis, der in der Innenstadt wohnt, will, ist unser Schwimmbecken, aber nichts und niemand wird Rabenmutter davon abhalten können, nichts zu bemerken und vor Freude Luftsprünge zu machen. Ein Erwachsener, verdammt! Ein Großer! Der seine Badehose anziehen wird!!!!

Nur gut, dass Rabenmutter sich um die Bettwäsche kümmern und Baby nachlaufen muss, die in diesen Tagen die Freuden des Treppenkrabbelns entdeckt hat, ansonsten könnte sie gar nicht mehr an sich halten.

Wobei, alles in allem ist überhaupt nichts passiert.

...

Der Druck war zu beängstigend.

Das Schuldgefühl zu erdrückend.

Ich gestehe.

Ich habe der Versuchung nachgegeben. J.-L. *and me*, wir haben um 15 Uhr einen Aperitif getrunken. Um 15 Uhr! Wenn das keine Art ist, der Alltagshölle zu entkommen, meine Damen und Herren, was dann?

Schlimmer noch: Jean-Louis hat sich um Baby gekümmert, während ich die Laken aufgehängt habe! Während ich auf die Toilette gegangen bin!

Viel zu viel Bequemlichkeit, viel zu große Freiheit, bitte, möge mich doch jemand geißeln!!!

Und genau in dem Moment ist Rabenvater gekommen. Gut gelaunt. Glücklich, Jean-Louis neben seiner Gattin auf der Hollywoodschaukel zu sehen, Baby zwischen uns stehend wie ein charmantes Rotkäppchen (allerdings nicht rot, nein – ich hatte sie sehr gut eingecremt). Er ahnte nichts, Rabenvater, ein perfektes Bild der Unschuld und Reinheit.

Erst als er zurückkam, nachdem er seine Badehose angezogen hatte, wurde es eng. »Hör mal, Jean-Louis, deine Sachen und die meiner Frau auf unserem Bett, und die Laken wurden gewaschen ... Kann mir das jemand erklären?«

Er hat getobt, gedroht. Ich habe geweint, gefleht. Die Nachbarn haben gelauscht.

Und Jean-Louis, der Feigling, ist – nach einem letzten kleinen Sprung ins Wasser – verschwunden.

...

Aber nein doch! Wir haben alle gelacht. Was glauben Sie denn? Zwei Belgier, Jugendfreunde! Eine Partnerschaft, die seit zehn Jahren hält! (Ich rede hier von Rabenvater und mir, nicht von den beiden – wobei, manchmal habe ich da so meine Zweifel.) Da braucht es mehr als ein paar fremde Kleidungsstücke, die auf dem ehelichen Bett herumfliegen, um Rabenvater aus dem Gleichgewicht zu bringen, verdammt!

Wobei ...

Wobei, tief in meinem Inneren träume ich schon jetzt vom nächsten Aperitif.

Um 15 Uhr ... Mit einem Großen ...

Und deswegen sende ich Richtung Innenstadt diesen Appell: Jean-Louis, großer Irrer, ich weiß, dass es dir völlig gleichgültig ist, ob du meine Einsamkeit unterbrichst oder meine Ängste zu Staub werden lässt. Dass du einzig und allein an meinem Swimmingpool interessiert bist. Aber gut, was soll's, komm einfach, wann immer du magst.

Und denk daran: Hierherkommen heißt, eine Flasche Wein mitzubringen.

Dallasdorf

Ohlala, meine Damen.

Sie werden es mir niemals glauben.

Jean-Louis XXX., der zweifellos durch zu viel Sonnencreme und Vorstadtluft ein wenig den Verstand verloren hat, hat mir eine E-Mail geschrieben, die mich glauben lässt, dass am Ende des Tunnels noch ein wenig Leben übrig ist. Und wenn da noch ein wenig Leben übrig ist, was gibt es dann ebenfalls, hmm, meine lieben Freunde, die ihr bis in eure samtweichen und noch 48 Stunden nach der Spülung sauberen Haarspitzen belesen seid? Wenn da Leben ist, meine lieben Freunde, dann gibt es auch noch *Hoffnung*. Liebe schaulustige Leser, ich kenne Sie. Sicherlich fragen Sie sich, was wohl der Inhalt dieser euphorisierenden Nachricht gewesen sein mag. Doch Sie kennen mich ebenfalls: gläsern bis in den hintersten Winkel aller Einzelheiten. Und daher hier nun für Sie alle (und vor allem für Sie, meine neugierigen Damen) der Inhalt besagter E-Mail in ihrer ganzen Gesamtheit.

>Von: Jean-Louis XXX.

>An: Rabenmutter@hotmail.com

>Betreff: Die Rückkehr von Jean-Louis XXX.

>Datum: So, 3. Sep. 2006 15:22:18

>

>Hallo Rabenmutter,

>endlich frei wie ein Vogel in der Parkplatzluft bei mir gegenüber!

>Wenn du magst, hier ist ein Schreibtisch, den ich euch schenken würde und den ich zusammen mit einer Flasche Wein und

Sushi bei euch aufbauen könnte (der Schreibtisch ist ein Vorwand):

>*(Es folgt ein sehr langer Link zu einem IKEA-Schreibtisch, den wir übrigens überhaupt nicht brauchen, aber das möge dich keinesfalls abhalten, uns zu besuchen, lieber Jean-Louis!)*

>Ich müsste die ganze Woche über Zeit haben, sag mir, wann es dir passt.

>Und damit du mir nicht mehr böse bist, schenke ich dir meinen Körper für eine wunderschöne Episode in deinem Blog. Ich bin sogar bereit, mich fotografieren zu lassen.

>Wenn du ein Szenario für die Episode hast, ich bin bereit. Hier ein paar Vorschläge:

>1- Jean-Louis XXX. bastelt (Schreibtisch aufbauen).

>2- Jean-Louis XXX. wäscht sein Auto (sofern ich euren Gartenschlauch benutzen darf).

>3- Jean-Louis XXX. vertreibt sich die Zeit mit Rabenmutter, während Rabenvater im Büro Flugsimulator spielt.

>4- Jean-Louis XXX. mag nicht spülen.

>5- Jean-Louis XXX. trägt die Mütze, die seine Mutter ihm zu Weihnachten geschickt hat.

>

>>XXX.,

>Jean-Louis

Unglaublich, nicht wahr, meine Damen? Das Leben von Rabenmutter ähnelt allmählich einer amerikanischen Seifenoper: schön, romantisch, unglaublich und unendlich!

Pfui, *Denver-Clan* und alle anderen Reichen und Schönen. Befinden wir uns nicht inzwischen in der Ära von *Big Brother* und

DSDS? Wir wissen schließlich, was in ist, da packen wir doch gleich die Gelegenheit beim Schopf, die uns dieses degenerierte Universum bietet: STIMMEN SIE AB. Welche der fünf Situationen mit Jean-Louis XXX. und Rabenmutter möchten Sie denn nun gerne gepixelt und anschließend hier veröffentlicht sehen, damit Sie es sich als Wandtapete ausdrucken und damit Ihr Büro verzieren können? (Sollten Sie Zahnarzt oder Masseur sein, dann drucken wir gerne auch einen inspirierenden Spruch unten im Foto ein.)

Jean-Louis XXX., 38 Jahre, in totaler Panik

Ich will nichts mehr hören von Jean-Louis XXX. Kein Wort mehr über diesen Menschen, der vor noch gar nicht langer Zeit Rabenmutter mit einer Flasche Weißwein betört hat, und zwar mit einem ebenso weißen Körper, den er im Hinterhof der gleißenden Sonne darbot, während unsere Tugend nur durch seine schwarze Badehose geschützt wurde, die die interessanteren Körperteile knapp bedeckte. (Alle Badehosen sind so, ich weiß, aber ich wollte einfach etwas dramatisieren.)

Ich will überhaupt nichts mehr von Jean-Louis wissen, der Mittwoch kommen sollte, um das IKEA-Teil aufzubauen.

Denn Jean-Louis hatte Angst. Was sage ich, er war geradezu panisch.

Jean-Louis ist am Mittwoch nicht gekommen.

Und als er dann endlich auftauchte, dieser Jean-Louis, da hat er es absichtlich so eingerichtet, dass Rabenvater da war. Okay, Rabenvater ist sein bester Freund, und sie haben beide Urlaub. Aber was ändert das schon?

Schlimmer noch, Jean-Louis hat nicht einmal eine Flasche Sauvignon mitgebracht, wahrscheinlich hat er gemeint, es sind die 13 Prozent in der Mischung, die mich zur Rabenmutter machen. Wo doch jeder, der auch nur über ein winziges bisschen Verstand verfügt, genau weiß, dass ich in Wirklichkeit eine Heilige bin (ich war immerhin mit Sophie in der Eisdiele, verdammt!).

Soll ich es wagen, es Ihnen zu gestehen, auf die Gefahr hin, dass ich für immer und ewig in den Ruf gerate, eine arme, übergangene und verlassene Frau zu sein? Können Sie sich vorstellen, dass die beiden *zusammen* im Swimmingpool geplanscht haben, während ich mich um die Kinder kümmern musste? Sie haben sich mit Bällen beworfen, sich gegenseitig nass gespritzt, eine Zigarette geraucht, während sie einander von ihrer Arbeitswoche erzählten ... Diese Schweine.

Doch all das ist eigentlich noch gar nichts. Denn um das Fass zum Überlaufen zu bringen, um sicher zu sein, dass ich seine grausame Zurückweisung auch wirklich begreife, wissen Sie, was er da gemacht hat, dieser Jean-Louis? Er hat versucht, Rabenvater im Swimmingpool die Badehose herunterzureißen.

Jean-Louis, dieses Mal bist du zu weit gegangen. Keine Entschuldigung, keine nutzlosen Ausweichmanöver oder heuchlerischen Gnadengesuche. Zwischen uns ist es aus.

Oder aber du bringst, wenn du das nächste Mal hier aufschlägst, eine verdammt gute Flasche mit!

Die Liebe in den Zeiten der Schulhofpause

Wie wir unsere Werte in sechs einfachen Schritten weitergeben

Versuchsleiterin: Rabenmutter

Objekt der Versuchsreihe: Große Tochter

Aufgabe: Im Kopf des Objekts die wichtigsten Werte für das Leben verankern, sprich die der Versuchsleiterin.

Thema: Aufrichtigkeit in der Beziehung zwischen Mann und Frau (oder Mann und Mann oder Frau und Frau, wie Sie wollen, wobei Große Tochter diesbezüglich allerdings bereits seit Ewigkeiten einen gewissen Hang zum Konformismus an den Tag legt).

1. Schritt: ZUHÖREN

»Mama, weißt du was? Leon hat gesagt, dass er mich liebt.«

»Ach ja? Wie kam das denn?«

»In der ersten Pause hat er gemeint: ›Ich habe es dir noch nie gesagt, aber ich finde dich schön.‹ In der zweiten Pause hat er zu mir gesagt: ›Ich liebe dich.‹«

(Nun gut, auch mit sechs Jahren kennt man seine Klassiker schon.)

»Und du? Liebst du ihn?«

»Äh, er ist ein sehr, sehr guter Freund, aber ich liebe ihn nicht wirklich.«

(Und selbst mit sechs Jahren erkennt man offenbar bereits die Abgründe des ewigen Freundes. Das war zumindest das, was die Versuchsleiterin dachte, denn ...)

»Er war sicher sehr enttäuscht, als du ihm das gesagt hast.«

»Na ja, ich wollte ihm nicht wehtun, deshalb habe ich ihm gesagt, dass ich ihn auch liebe.«

2. Schritt: DAS PROBLEM ERKENNEN

»Ich verstehe.«

3. Schritt: INDOKTRINIERUNG

»Weißt du, es wäre vielleicht besser, Leon ehrlich zu sagen, dass er für dich nur ein guter Freund ist.«

»Aber dann ist er traurig!«

»Ja, aber oft ist es besser, die Wahrheit zu sagen, auch wenn es dem anderen wehtut. Leon wäre es sicherlich lieber, wenn du ihm die Wahrheit sagst, als so zu tun, als würdest du ihn lieben.«

»Aber dann ist er aber traurig!«

»Ja, aber Liebe, das ist etwas sehr Wichtiges im Leben der Menschen. Man möchte wirklich geliebt werden, nicht nur zum Schein. Das ist wirklich eine Sache, bei der man besser die Wahrheit sagen sollte.«

»Aber dann ist er traurig!«

»Ja, aber das ist besser, als in Liebesdingen angelogen zu werden! Stell dir mal vor, du würdest Leon lieben und er dich nicht.

Wäre es dir lieber, dass er dir die Wahrheit sagt oder dass er dich anlügt?«

»Also mir wäre es lieber, wenn er mir sagt, dass er mich liebt.«

4. Schritt: NIEDERLAGE ERKENNEN

»Ich verstehe.«

5. Schritt: LETZTER PATHETISCHER VERSUCH

»Okay, hör zu, aber wenn du groß bist und erwachsen, dann wirst du verstehen, dass es, was unsere Gefühle angeht, besser ist, ehrlich zu sein.«
(Das Objekt spielt mit seinen Schnürsenkeln und antwortet abwesend): »Hmmmmm.«

6. Schritt: AUFGEBEN

»Hör zu, warum gehen wir nicht raus und spielen etwas? Es ist so schön draußen.«
»Jaaaaaaaa!«
»Und vorher kommst du noch mal her zum Knuddeln.«
»Jaaaaaaa!«

An diesem Abend, als ich Große Tochter zudeckte, sagte sie: »Du wirst jetzt sicher lachen, Mama, aber willst du mich heiraten? Ich möchte mein ganzes Leben mit dir zusammenbleiben.«

Da begriff die Versuchsleiterin in mir, dass von allen Schritten und trotz des scheinbaren Versagens wahrscheinlich das Knuddeln der allerwichtigste gewesen ist.

Bärenstark und grundsätzliche Fähigkeiten

Kennen Sie Bärenstark? Das ist ein Bär, der in albtraumhafter Weise durch die Grundschulklassen unserer Gegend tapert, um den Kleinen dabei zu helfen, Selbstvertrauen und Selbstbewusstsein zu erlangen. Grob gesagt, lügt er ihnen offen ins Gesicht. Er behauptet nämlich, dass sie, wenn sie ständig wiederholen »Ich strenge mich an, ich versuche es immer und immer wieder!« und »Ich mache weiter, ich gebe nicht auf!«, dass sie dann überall erfolgreich sein werden. Ich hoffe, dass sie in der weiterführenden Schule einen Blutegel haben werden, der ihnen das System Werbung erklärt.

Etwa einmal alle drei Wochen bringt Große Tochter eine Hausaufgabe von Bärenstark mit nach Hause. Die letzte Woche hielt eine hübsche Überraschung für mich bereit.

Große Tochter: »Mama, rate mal, was wir heute aufhaben?«

Rabenmutter, panisch: »Heute ist Freitag, freitags gibt es doch keine Hausaufgaben!«

Ja, die Eltern bestehen darauf, auf ihren freien Freitag. Und es gibt keinen Grund, sich dafür zu schämen.

Große Tochter: »Das stimmt, außer wenn es um Bärenstark-Tag geht. Du weißt doch, Mama, ›Ich strenge mich an, ich versuche es immer und immer wieder!‹. ›Ich mache weiter, ich gebe nicht auf!‹«

Rabenmutter: »Jepp, ich weiß. Gut, dann nimm mal dein Heft raus.«

Große Tochter: »Weiß nich, wo isses denn?«

Rabenmutter: »In deiner Tasche im Flur. Geh es holen.«

Große Tochter: »Kannst du gehen? Ich bin sooooo müde ...«

Rabenmutter: »Ich strenge mich an, ich versuche es immer und immer wieder!«

Große Tochter: »Hmm.« (Schleppt sich in den Flur und zurück, was ihr anscheinend sehr große Zahnschmerzen bereitet, so, wie sie stöhnt. Schließlich dann ...) »Hier.«

Rabenmutter: »Okay. ›Ich beschreibe eine Situation, in der ich mich sehr angestrengt habe und weitergemacht habe, um gut zu werden. Ich bitte meine Eltern, es in mein Heft zu schreiben.‹ Fällt dir eine Sache ein, für die du sehr viel üben musstest, bis du gut darin warst?«

(Kleiner Einschub, um zu sagen, dass Rabenvater und ich viel zu oft die Tendenz hatten, Großer Tochter alles vorzukauen, woran sie sich inzwischen gewöhnt hat. Also habe ich mir auf die Zunge gebissen und die Vorschläge heruntergeschluckt, die mir ganz spontan einfielen: Schnürsenkel binden, Radfahren ohne Stützräder ...)

Große Tochter: »Ich weiß etwas!«

Rabenmutter: »Ausgezeichnet, schieß los, ich schreibe mit.«

Große Tochter: »Den Jungen nachlaufen.«

Rabenmutter: »???«

Große Tochter lächelt unschuldig.

Rabenmutter: »Äh, was hältst du von Schnürsenkel binden, Radfahren ohne Stützräder?«

Große Tochter: »Nein, nein, den Jungen nachlaufen geht. Ich musste sehr viel üben, um sehr, sehr schnell zu laufen und um zu verstehen, wie sie mir ausweichen, nicht?«

Rabenmutter: »Okay, wir schreiben ›meine Schnürsenkel binden‹.«

Die Kunst, ruhig zu bleiben. Um jeden Preis

Beruf: Elternteil. Nützlichste Verhaltensweise: absolut ruhig bleiben.

Große Tochter: »Mama, heute habe ich mich einer Herausforderung gestellt, die ich mir selbst auferlegt habe. Einer *riesigen* Herausforderung!«

Sie: »Wirklich? Welcher denn?«

Große Tochter: »Ich habe Felix einen Kuss zugeworfen, bevor ich in den Unterricht gegangen bin. Und weißt du was? Er hat mich angelächelt!!!«

Sie verspüren den unbändigen Wunsch, Felix am Kragen zu packen und ihm zu sagen, dass er sich von Ihrer Tochter fernhalten soll, sich und seinen verlausten Kopf (?). Vielleicht wollen Sie ihm sogar ein paar Centmünzen anbieten, damit er woanders spielen geht. Sie würden Ihrer Tochter gerne sagen, sie solle aufhören, die Sirene zu spielen, und sich auf ihre Hausaufgaben konzentrieren. Doch stattdessen bleiben Sie ab-so-lut ru-hig. Denn wenn Sie weitere Informationen sammeln möchten, ist es wichtig, die Auskunftsquelle nicht zu erschrecken. Also räumen Sie weiter absolut ruhig die Spülmaschine aus und sagen nur: »Hmmm, ja, das ist wirklich eine große Herausforderung, der du dich da gestellt hast.«

Große Tochter: »Meine nächste Herausforderung, warte, ich sage es dir ins Ohr, das ist ... *Felix auf die Wange küssen.* Aber das, äh, das mache ich nicht, bevor ich in die 6. Klasse komme! Frühestens!«

Sie verkneifen sich ein Lachen und erklären weiterhin absolut ruhig: »Die 6. Klasse, ja, das scheint mir tatsächlich ein ausgezeichneter Zeitpunkt zu sein, um einen Jungen auf die Wange zu küssen.«

Große Tochter: »Weißt du, Mama, Anna, die hat zu Felix gesagt, dass ich Sex mit ihm machen möchte.«

Sie denken: *Anna, du verflixtes Luder, du stehst von jetzt an auf der schwarzen Liste für Geburtstagsfeste.* Doch Sie bleiben absolut ruhig.

Große Tochter: »Ich bin ganz schnell zu Felix gegangen und habe ihm gesagt, dass das, was Anna gesagt hat, nicht stimmt. Aber dann habe ich Anna gesagt, sie soll Felix sagen, dass ich ihn gerne küssen möchte, und danach habe ich Felix gesagt, dass das, was Anna ihm da gesagt hat, stimmt. Dass das Letzte, was sie gesagt hat, stimmt. Dass ich ihn küssen möchte.«

Kein Problem, absolut ruhig zu bleiben, denn Sie wissen ja bereits, dass Küssen heißt, auf die Wange küssen, und dass es erst für in vier Jahren vorgesehen ist. Kein Stress also, keine Panik.

Sie: »Ich bin etwas neugierig, ich weiß, aber … was ist das genau, Sex machen?«

Große Tochter: »Äh, das sind diese anderen Sachen … also … Das ist Küssen, aber auf den Mund.«

Sie lassen für einen kurzen Augenblick Ihre Maske fallen und heben eine Augenbraue: »Oh!«

Große Tochter: »Und noch andere Sachen, so ekliges Zeug, was Papa und du *nie* machen würdet. Warte, ich sag es dir ins Ohr … *das ist stundenlang auf den Mund küssen, während man ganz nackig im Bett liegt.* Sag du das dem Papa, mir ist das zu peinlich.«

Woraufhin Rabenvater absolut aufrichtig erklären konnte, dass »das stimmt, so etwas machen wir nie«.

Was Sie angeht, Sie lachen nicht. Sie weinen auch nicht. Sie bleiben ab-so-lut ru-hig. Keinesfalls werden Sie Ihrem Nachwuchs irgendwelche Flausen in den Kopf setzen.

Ach ja. Das Ganze hat ungefähr fünf Minuten gedauert. Stellen Sie sich eine Woche vor!

....

Pausenhof-Story

....

Es war ein ganz gewöhnlicher Mittwoch. Kein Wolf, der den Mond anheulte. Kein Gewitter, das den Himmel mit seinen düsteren und bösartigen Blitzen durchzuckte.

Ich schnitt mein Gemüse, um eine gute wärmende Suppe zu kochen, die total einfach zu machen ist, so eine Spezialsuppe der Art Mutter-die-es-leid-ist-Suppe-zu-kochen. Ein ganz normaler Abend also.

Keinerlei Vorzeichen kündigten das Unheil an, das mich ereilen sollte.

Ich war gerade bei den Karotten angelangt, als Große Tochter aus der Schule heimkam.

Rabenmutter: »Es regnet, Gott segnet, die Erde ...«

(Tschack-tschack-tschack-tschack-tschack)

Große Tochter mit vor Aufregung geröteten Wangen: »Mama, weißt du, was wir heute in der Pause gespielt haben?«

Rabenmutter: »Nein, mein Schatz, was denn?«

(Tschack-tschack-tschack-tschack-tschack).

Große Tochter: »Kussfangen!«

Rabenmutter: »Kussfangen?«

(TSCHACK!)

Große Tochter: »Ja, wir sind hinter den Jungen hergerannt, und wenn wir sie erwischt haben, dann haben wir ihnen einen Kuss gegeben.«

Rabenmutter wirft die klein gehackten Karotten mit Schwung in den Topf: »Wer ... was ... aber ... ich dachte, ihr dürft euch in der Schule nicht küssen?«

Große Tochter: »Nicht auf den Mund.«

Rabenmutter, greift – nunmehr äußerst besorgt – nach einer Lauchstange: »Und wohin dann?«

Große Tochter: »Na, auf die Wange.«

Rabenmutter: »Und ... du ... welchem Jungen hast du einen Kuss gegeben?«

Große Tochter, breit grinsend: »Hmm ... Einigen Jungen ...«

Rabenmutter: »Ach ja. Ach so. Hmm. Nun. Tatsächlich.«

TSCHACKA-TSCHACK! Ha, du Lauch, du, weg mit dem Kopf. Weg mit dem Stängel. Leide, Lauch, stirb! Und *Tackatackatackatack*, du verdammter, dreckiger Brokkoli.

Große Tochter: »Stört dich das?«

Rabenmutter: »Na ja, das sollten wir vielleicht mit deinem V...«

Große Tochter: »Nein, ich meine: Stört es dich, wenn ich ein Stück Brokkoli nehme?«

Rabenmutter: »Ach ja. Äh, nein. Und weißt du, dieses Kussfangen, das muss aufhören, du könntest dir Läuse einfangen.«

Große Tochter hat mich angesehen, als wollte sie sagen: Kann es wirklich sein, dass du so unaufrichtig bist? Antwort: »Ja.«

Etwas später.

Rabenvater: »Wer hatte denn die Idee zu diesem Kussfangen?«

Große Tochter: »Äh, warte, ich überlege ... das war ich!«

Rabenvater, empört: »Du warst das? Und wie ging das dann? Du hast ihm einen Kuss gegeben, und danach ist der Junge hinter den Mädchen hergelaufen?«

Große Tochter: »Nein, nein. Nur die Mädchen sind hinter den Jungen hergelaufen, und sobald wir einen erwischt haben, haben wir uns den nächsten vorgenommen.«

Rabenvater: »Schatz, hast du noch irgendwelches Gemüse umzubring... ich meine zu schneiden?«

Noch etwas später.

Rabenmutter: »Deine Nichte spielt Kussfangen auf dem Pausenhof.«

Rabenschwester: »Na wenigstens haben sie nicht Bumsfangen gespielt.«

Rabenmutter: »Oh Gott, welch ein Trost! Danke!«

(Kurzes) Wunder

Ein Wunder ist geschehen.

Ja, tatsächlich. Ein echtes, wirkliches Wunder. Ich war gerade dabei, Gemüse zu schneiden, um eine gute wärmende Suppe zu kochen usw., als Große Tochter aus der Schule heimkam.

Rabenmutter: »Bolle reiste jüngst zu Pfingsten ...« (*tschack-tschack-tschack-tschack-tschack ...*)

Große Tochter: »Mama, Mama, weißt du was?«

Rabenmutter: »Nein, was denn?«

(*tschack-tschack-tschack-tschack-tschack*)

Große Tochter: »Fynn hat mir beim Frühstück eine Nachricht geschrieben, in der stand, dass er mich liebt.«

(*TSCHACK!*)

Rabenmutter: »Noch einer, der dich liebt? Puh, hast du ihnen irgendeinen Zaubertrank gegeben?«

Große Tochter: »Äh, nein ... Jedenfalls, Fynn hat mich gefragt, ob ich ihn auch liebe, also habe ich geschrieben ›ja‹. Aber dann habe ich ihm gesagt, dass ich hinter das ›ja‹ besser ein Fragezeichen gemacht hätte und keinen Punkt, weil ich mir nicht ganz sicher bin.«

Rabenmutter: »Und ... hat er das verstanden?«

Große Tochter: »Weißnich. Auf jeden Fall hat er dann das gemacht.« (Es *folgt die Rekonstruktion einer Szene, in der Fynn sich selbst auf Zeige- und Mittelfinger küsst und dann diese beiden Finger nunmehr von übernatürlicher Liebe beseelt an sein Herz führt. Jau.*)

Rabenmutter: »Wow!«

Große Tochter: »Also, ich denke, dass ich ihn wohl doch liebe. Vielleicht wird er Kussfangen spielen wollen. Und dann werden wir wahrscheinlich heiraten.«

(Erbsen muss man nicht unbedingt klein schneiden, oder? Wir schneiden sie trotzdem. Inbrünstig.)

Rabenmutter, eine verbitterte, gealterte Erwachsene, die nichts von den Freuden einer jungen Liebe versteht: »Weißt du, was das Heiraten angeht, da hast du noch genug Zeit, deine Meinung zu ändern.«

Das Gesicht von Großer Tochter leuchtet auf: »Ganz genau! Das wollte ich dir noch sagen. Erinnerst du dich Anfang des Jahres, als ich gemeint habe: ›Aaaaahhh, Felix, den werde ich heiraten, ich bin sicher, wir werden mindestens bis in die 6. Klasse zusammenbleiben‹, und wie du gesagt hast: ›Du hast noch Zeit genug, deine Meinung zu ändern‹, und wie ich dann gemeint habe: ›Nein, nein, Mama! Ich werde *niemals* meine Meinung ändern!‹?«

Rabenmutter: »Ja, ich erinnere mich ...«

Große Tochter: »Nun ja, du hattest recht! Ich habe meine Meinung geändert!«

Also, da ist mir doch tatsächlich die Kartoffel aus der Hand gefallen! BINGO! Sie erkennen es doch auch, oder? Mit Ihren eigenen Augen sehen Sie es klar und deutlich, oder? Das Wunder? Meine Tochter sagt mir, ihrer Mutter, dass ich recht hatte, was ihr Gefühlsleben angeht. Ganz im Ernst, ich glaube nicht, dass ich meiner eigenen Mutter jemals gesagt habe, sie hätte in dieser Hinsicht in irgendeiner Weise je recht gehabt. Tralllallalla! 1:0 für mich, Omi!

Fast hätte ich jetzt die ganze Suppe Suppe sein lassen. Das arme kleine Gemüse quälen, wo doch alle Zeichen auf Sonne standen ... Sollte man das nicht besser feiern, indem man im Laden an der Ecke ein schönes kleines Brathähnchen kaufte, das andere schon vor mir massakriert hatten?

Vor allem aber musste ich versuchen, diesen Moment der Schwäche, den Große Tochter da offenbarte, zu nutzen, um den Keil noch tiefer einzutreiben.

Rabenmutter: »Du weißt aber schon, was das heißt, mein Schatz? Das heißt, dass du, auch was Fynn angeht, deine Meinung noch ändern kannst.«

Große Tochter: »Oh nein, sicher nicht. Was ihn angeht, werde ich meine Meinung *niemals* ändern.«

Allez-hopp, die Bohnen! Unter's Messer, aber schnell!

Wie gewonnen, so zerronnen, aber ich sage trotzdem jetzt schon ein weiteres Wunder voraus, das in einigen Wochen stattfinden wird.

Und außerdem sage ich voraus, dass das Gemüse diesen Winter in der Suppe ganz klein mit Hut sein wird.

Väter

Rabenmutter überwirft sich mit den Müttern ...

Ich weiß ja nicht, wie das bei Ihnen ist, aber was mich angeht, ich bin total sexistisch.

Nein, wirklich. Zum Beispiel finde ich, dass Frauen viel bessere Chefinnen sind als Männer. Denken Sie nicht? Ich könnte wetten, Sie haben noch nie gehört, dass jemand von einem Mann gesagt hat: »Oh, das ist wirklich eine tolle Chefin.« Sehen Sie? Frauen sind die besseren Chefinnen!

Das ist genau wie bei diesen Damen mit den langen blonden Haaren und den hellen Strähnchen dazwischen: Meiner Erfahrung nach stellen diese Damen am Steuer ihres Geländefahrzeugs eine öffentliche Gefahr dar. Übrigens fahren sie sehr viel schlechter als *Herren* mit langen blonden Haaren und Strähnchen. Um genau zu sein, ich habe noch nie einen langhaarigen, blonden Herrn mit Strähnchen am Steuer eines Geländefahrzeugs gesehen, der schlecht gefahren wäre.

Q.E.D.

(Übrigens ein ausgezeichneter Grund dafür, sexistisch zu sein: Es ist so irre einfach. Man muss die Dinge nur aus dem richtigen Blickwinkel betrachten.)

Kurz, ich bin sexistisch.

Und wenn so ein sexistischer Mensch wie ich Kinder hat, dann findet er ganz viele ausgezeichnete Gründe dafür, Männern gegenüber sexistisch zu sein.

Lassen Sie uns offen reden: Was ist das bloß für eine unverantwortliche Horde, die nur an ihr eigenes Vergnügen denkt? Dass
das so ist, lässt sich ganz leicht beweisen. Man muss sich nur
einmal ansehen, wie Männer und Frauen sich verhalten, wenn
es darum geht, einen Ausflug mit Baby zu organisieren.

Mama, zuverlässig und verantwortungsvoll, denkt zuerst einmal an die Möglichkeit, dass ihr Nachwuchs Hunger oder Durst
bekommen könnte. Und schon sieht sie sich den ersten schwerwiegenden Problemen gegenüber. Nehmen wir an, Baby trinkt
noch warme Milch aus dem Fläschchen. Wie soll man dafür sorgen, dass die Milch, wenn man erst einmal im Park ist, die richtige Temperatur hat? Mama überlegt, die Milch in eine Ther-
moskanne zu füllen. Doch sie weiß, dass sich mit der Zeit darin
schreckliche Bakterien bilden und die warme Milch verseuchen
können, die Baby in aller Unschuld bis auf den letzten Tropfen
austrinken wird, um dann sein kurzes Leben mit grauenhaften
Koliken zu beschließen. Nein, definitiv keine Thermosflasche.
Soll Baby dann kalte Milch bekommen? Aber Baby trinkt niemals kalte Milch! Erneut erhebt sich das Schreckgespenst Koliken vor Mamas geistigem Auge, die daraufhin beschließt, erst
einmal das Essen einzupacken.

Doch was? Weintrauben? Die müssen bekanntermaßen in Viertel geschnitten werden. Aber bis Mama damit fertig ist, ist es
schon wieder Zeit für Babys Mittagsschlaf. Sie im Park klein zu
schneiden kommt natürlich gar nicht infrage. Mit einem Messer
herumzuspielen, während Baby frei im Park herumturnt und
den wilden Tieren ausgeliefert ist (Eichhörnchen, Heuschre-
cken, Fliegen), das würde allen gewohnheitsmäßigen Vorsichtsmaßnahmen komplett zuwiderlaufen. Angesichts dieser Sack-

gasse beschließt Mama, sich lieber irgendetwas aus den Rippen zu schneiden.

Weiteres Problem: Baby könnte seinen Mittagsschlaf im Park halten. Oh Graus! Wenn es im Auto einschläft, bevor sie angekommen sind, muss Mama es bei der Ankunft in den Kinderwagen legen, wobei es sicherlich aufwacht, was seinen erholsamen Schlaf stört, den es doch unbedingt braucht, um zu einem gesunden, nicht allzu neurotischen Erwachsenen heranzuwachsen. Wenn es aber im Park im Kinderwagen einschläft, dann muss man es irgendwann wieder in seinen Autositz setzen ... Ein Teufelskreis! »Aber«, so werden Sie jetzt wohl einwenden, »vielleicht haben wir ja Glück, vielleicht schläft Baby im Park gar nicht ein?« Glück nennen Sie das?! Wenn es seinen Mittagsschlaf überspringt, dann ist sein ganzer Rhythmus für die nächsten 18 Monate gestört, und wer muss das dann ausbaden? Wieder einmal dreht das Schicksal Mama eine lange Nase.

Und all das, liebe Freunde, ohne ein weiteres, grundlegendes Problem zu bedenken: Babys Wohlbefinden. Ist es warm, ist es kalt? Wird es in den nächsten Stunden warm oder kalt sein? Mama erforscht den strahlend blauen Himmel, die Bäume mit ihren fast reglosen Blättern. Vielleicht wird es ja heute gar nicht so schwierig, dafür zu sorgen, dass es dem Nachwuchs gut geht. Wobei ... Da hinten, ganz am Ende des Horizonts, so in ungefähr 347,5 Kilometern Entfernung vom Park, da bilden sich doch schon wieder dicke Wolken. Schlecht, sehr schlecht! Ein mörderischer Sturm wird die ahnungslosen Spaziergänger überraschen, das ist so gut wie sicher.

Also beschließt die zuverlässige und verantwortungsvolle Mutter, dass all dies wirklich schlechte Vorzeichen sind, und zieht sich lieber mit ihrem Kleinen ins Haus zurück. Sie nutzt den freien Nachmittag dazu, einen Betonbunker zu bauen, in dem sie mit ihrem Küken vor allen Unbilden geschützt ist. Über eine Internetverbindung mit vierfacher Geschwindigkeit können sie Vorräte bestellen, die ein durch den Kundenbeziehungsmanager, kurz CRM, ermächtigter Lieferant vorsichtig zwischen die beiden dicken Türen der Durchgangsschleuse stellen wird.

Sie werden sich ein wunderschönes Leben machen. Und dank seiner zuverlässigen und verantwortungsvollen Mama wird Baby in Sicherheit sein.

Wenn allerdings der Vater einen Ausflug plant, dann wird das die to-ta-le Katastrophe – Sie, meine Damen, wissen, wovon ich spreche!

Zuerst einmal: Kalte oder warme Milch, das ist für Papa Jacke wie Hose. Was schert ihn Weib, was schert ihn Kind? (Das stammt von Heine, dieser Ausspruch, irgendwo aus *Die Grenadiere*. Sie glauben mir nicht? Lesen Sie es mal!) Papa, der schüttet einfach die Milch in ein Fläschchen, Temperatur und Bakterien können ihm gestohlen bleiben. Ein gefährlicher Irrer.

Er nimmt auch Weintrauben mit, oh ja, aber er halbiert sie gerade einmal. Schlimmer noch, er zerteilt sie mit seinen eigenen Zähnen! Alles schon erlebt. Allein bei dem Gedanken daran schaudert es mich noch heute.

Bedenkt er vielleicht die Möglichkeit, dass Baby einen Mittagsschlaf machen könnte? »Mittagsschlaf?«, wird er Ihnen antworten. »Was ist das, ein Mittagsschlaf? Ach so, wenn Baby die kleinen Glotzerchen schließt und man es für eine Weile überhaupt nicht mehr hört? Was hat das denn mit unserem Ausflug in den Park zu tun?« Sie haben es sicherlich schon begriffen, für Papa ist »Babys Rhythmus« ein seltsamer fremdsprachiger Ausdruck, dessen Bedeutung ruhig unbekannt bleiben darf, er hat andere Sorgen wie beispielsweise, dieses Irrenhaus schnellstmöglich zu verlassen, um etwas Luft zu schnappen.

Und so zieht Papa von dannen, Baby unter den Arm geklemmt, ein lustiges Liedchen pfeifend, das er irgendwann im Studium einmal gelernt hat. Baby trägt eine zu kurze Hose und einen zu warmen Pullover, beides in Farben, die sich beißen. Und nein, Papa ist nicht farbenblind.

Im Vorüberrauschen bemerkt Mama zudem, dass die Mütze des Kleinen nur eines seiner Ohren bedeckt, dass es zwei linke Socken trägt und ein völlig verschmiertes Mäulchen hat. Trotz allem lacht das Unschuldslamm.

Mama verteilt ihre Abschiedsküsse und betet inständig darum, dass der Tod die beiden, allen schwarzen Aussichten zum Trotz, für heute verschonen möge.

Doch als Papa und Küken drei Stunden später heimkommen, sind beide in Höchstform. Baby hat seine kalte Milch vollständig ausgetrunken und – oh Wunder! – ist nicht an den Weintrauben erstickt. Es hat seine Mütze verloren, aber nicht einmal den Anstand, auch nur ein klitzekleines bisschen erkältet zu wirken. Es hat nicht geschlafen, ist aber immer noch gut gelaunt.

Zornig entreißt Mama Baby den Armen seines Vaters und rennt zum Wickeltisch. Ha, genau, wie sie es sich dachte: *Dieser unverantwortliche Kerl, mit dem sie in ihrer Verblendung Kinder gezeugt hat, hat dem Kleinen während des ganzen Ausflugs nicht einmal die Windel gewechselt!*

Verdammte Männer, elendige!

... und auch mit den Vätern!

Man kann ja sagen, was man will, aber in den letzten 10.000 Jahren haben die Männer einen ganz schön weiten Weg zurückgelegt. Was sage ich? In den letzten 40 Jahren haben sie sich weiter entwickelt als seit dem ersten Gestammel der Menschheit! Ein Beispiel?

Der Vater der 1970er-Jahre sitzt im Wagen: »Hey, Schatz, ich warte jetzt schon zehn Minuten. Fahren wir jetzt oder was?«

Die Mutter der 1970er-Jahre, die kreuz und quer herumflitzt: »Ich komme ja schon, ich muss nur noch die Wickeltasche packen, die Kinder anziehen, den Babysitter anrufen, um ihm zu sagen, dass wir jetzt weg sind, und deine Bowlingtasche holen.«

Der Vater der 1970er-Jahre, der weiter im Wagen sitzen bleibt: »Puh, das dauert aber lange! Fahren wir jetzt oder was?«

Skandalös, nicht wahr? Vergleichen Sie das einmal mit der fantastischen Kooperation eines weiterentwickelten und fortpflanzungsfähigen Männchens aus dem Jahr 2000.

Die Mutter: »Könntest du bitte die Wickeltasche packen, Schatz, während ich die Kinder anziehe?«

Der Vater: »Natürlich, mein Hase! Was soll ich denn einpacken?«

Die Mutter: »Die Windeln.«

Der Vater: »Okay.«

Die Mutter: »Die Waschlappen.«

Der Vater: »Okay.«

Die Mutter: »Kleidung zum Wechseln.«

Der Vater: »Okay.«

Die Mutter: »Also eine Hose, einen Pulli, ein Hemd, Socken, einen Strampelanzug.«

Der Vater: »Okay.«

Die Mutter: »Medikamente.«

Der Vater: »Okay.«

Die Mutter: »Einen Schnuller.«

Der Vater: »Okay.«

Die Mutter: »Und ein Fläschchen.«

Der Vater: »Okay.«

Die Mutter: »Die Salbe für den Popo.«

Der Vater: »Okay.«

Die Mutter: »Irgendetwas zum Spielen vielleicht?«

Der Vater: »Okay.«

Die Mutter: »Hast du was gefunden?«

Der Vater: »Ich glaube schon ...«

Sehen Sie? Wunderbar, nicht wahr, wie weit die Männer inzwischen gekommen sind, oder? Wie sehr sie sich einbringen? Wie sehr man sich auf sie verlassen kann? Das ist so unglaublich, da wäre es wirklich unverschämt, noch ein wenig mehr von ihnen zu verlangen, oder?

Nun – nein. Nein. NEIN! Verstanden?

Ein verstörendes Geständnis geht seit einiger Zeit als leises Raunen durch die Brutstätten der Mütterlichkeit: »Wenn ich sauer bin, weil er etwas vergessen hat, dann meint er, ich hätte ihn daran erinnern sollen! Aber ich bin es satt, ihm alles sagen zu müssen, verstehst du? Ich kann nicht immer alles überwachen. Natürlich hilft er mir sehr, und es fällt mir schwer, ihm noch mehr aufzubürden, aber ist es denn wirklich zu viel verlangt, wenn er ein wenig selbstständig sein soll?«

Antwort: nein. Nein. NEIN! Verstanden? Genug ist genug. Sie haben Fortschritte gemacht, sie können noch mehr Fortschritte machen. Und deswegen, meine Damen, habe ich beschlossen, Ihnen zu helfen. Ich werde mit ihnen reden, mit den Männern, und zwar genau jetzt.

Leute. Ich werde euch ein Geheimnis verraten. Was Baby angeht, so scheint es, als hätten wir die Weisheit mit Löffeln gefressen, wir, die Mamas. Wir wissen die ganze Zeit so sehr alles, dass man meinen könnte, wir seien als Kinder in einen Zaubertrank gefallen. Nun, ich habe eine großartige Neuigkeit für euch, meine Freunde: Das ist Quatsch.

Woher weiß die Mutter, was genau Baby braucht? Welche Nahrung man ihm geben muss, damit es eine vollständige Mahlzeit bekommt? Was in die Wickeltasche gepackt werden muss? Wo sich seine Mütze und seine Handschuhe befinden? Auch auf die Gefahr hin, dass Sie jetzt Ausschlag bekommen, meine Herren, muss ich Ihnen sagen: Es ist kein natürlicher Instinkt. Es ist keine jahrtausendealte Weisheit des Uterus. Es gibt genau zwei Gründe dafür, dass wir wissen, was zu tun ist und wo sich die Dinge befinden, die wir brauchen: Zum einen denken wir nach, und zum anderen suchen wir.

Nachdenken.

Suchen.

Sie sehen, worauf ich hinauswill?

Der Ursprung dieser Weisheit vom Nachdenken und dieser Kunst des Suchens befindet sich nicht in unseren beiden milchgefüllten Brüsten. Sie sind kein absolutes Vorrecht der Eierstockträgerinnen. Nein. Dieses Wissen, ob Sie es glauben oder nicht, ist jedem zugänglich. Auch Ihnen.

Wissen Sie, was Kant gesagt hat? Im Innenteil von der *Kritik der reinen Vernunft* hat er nicht nur »Fuck you« gesagt. Nein, nein, er hat auch den Kampfschrei der Aufklärung erfunden. Ach! Die Aufklärung! Dieser große Drang nach Infragestellung der Autorität! Kant hat gewissermaßen die Lichter der Aufklärung angeknipst mit seinem Ausruf: »*Sapere aude!*« Wage es, selbst zu denken, verdammter Kerl! Du bist schön, du bist gut, du kannst es!

Von nun an, liebe Freunde, dürfen Sie mich Kantine nennen. Denn gemeinsam werden wir etwas Wunderbares erleben. Ich werde Sie zum Licht führen. Ich werde Sie zu der Wahrheit führen, dass Männer und Frauen, was die Sorge um Baby angeht und die Organisation der Familie, in allen Punkten gleich sind. Ich werde Sie dazu ermutigen, unsere Vormachtstellung infrage zu stellen und selbst zu denken, denn dazu sind Sie durchaus fähig, jawohl! Und zwar selbst dann noch, wenn es darum geht zu überprüfen, ob alle Taschen im Auto sind, bevor man losfährt.

Wissen Sie, was Kant angesichts einer leeren Wickeltasche gemacht hätte? Er hätte nicht seine Frau gefragt, was man da hineinpacken soll, nein. Er hätte es gewagt, selbst zu überlegen, unser Kant, und das hätte ihn innerhalb einer vernünftigen Zeit dazu gebracht, Windeln, Lätzchen, Schnuller, Fläschchen, Kleidung zum Wechseln, Medikamente und Poposalbe in die Wickeltasche zu stopfen. Und vielleicht hätte er all das sogar gemacht, ohne dass seine Frau in hätte daran erinnern müssen, dass man an die Wickeltasche *denken* muss!

Und das ist genau das, wozu wir Frauen Sie heute auffordern, meine Herren: *Sapere aude!* Wagt, selbst zu denken! Und zwar dalli!

Es hat 10.000 Jahre gedauert, bis Sie angefangen haben, die Wickeltasche zu packen, es darf nicht noch einmal 10.000 Jahre dauern, bis Sie wissen, wie man sie mutterseelenallein packt. Oh, nein! In den Mütterbrutstätten sind wir es nämlich langsam leid, meine Herren. Wir wollen, dass sich etwas ändert. JETZT. Warum? Weil wir alle unendliches Vertrauen in Ihre Intelligenz setzen. Wir wissen, dass Ihre Emanzipation möglich ist, dass Sie zu vollwertigen Partnern *unter anderem* beim Packen von Wickeltaschen werden können, und zwar in wenigen, einfachen Schritten, die Sie mit all Ihren großartigen Fähigkeiten selbst bestimmen können. Wichtig ist nur, dass Sie umgehend Ergebnisse liefern. Denn so geht es einfach nicht weiter.

Und ihr, Mädels, hört auf zu lachen. Wir müssen uns ebenfalls anstrengen. Sehr anstrengen, oh ja! Die Königin im eigenen Heim, das ist vorbei, meine Damen. Von heute an unterstützen wir unsere Partner in ihrem Bestreben nach Freiheit und Gleichheit. Wir hören auf damit, die Temperatur des Fläschchens zu überprüfen, das er aufgewärmt, des Badewassers, das er eingelassen, des Inhalts auf Juniors Teller, den er zubereitet hat. Wir hören auf damit, ihm ein brüllendes Baby aus den Armen zu reißen, weil wir uns angeblich besser darum kümmern können. Es reicht mit diesem Blödsinn. Und wir werden auch damit aufhören, die Männer zu kritisieren, wenn sie vergessen, irgendetwas in die Wickeltasche zu packen; das passiert uns schließlich ebenfalls, und wir machen deswegen auch kein Fass auf. Ich habe es schon zu Anfang gesagt: Unser Instinkt, das ist Quatsch. Und wenn Ihre andere Hälfte schon die Initiative ergreift, dann lassen Sie sie doch bitte in Frieden *sapere aude*, heiliger Strohsack.

Hören Sie, Sie alle, den Chor der Kröten, die ihre Freiheit besingen?

Meine Herren, Sie werden mir eines Tages noch danken.

Und meine Damen, noch einmal: Schecks werden gerne angenommen.

Rabenmutter rettet
ihre Ehe

»Schatz?«

»Ja, mein Herz?«

»Dein Text von gestern ...«

»Jahaaa?«

»Hatte der etwas mit mir zu tun?«

»Aberneinganzundgarnicht, warum?«

»Weil ich irgendwie den Eindruck hatte, du würdest von mir reden.«

»Aberneinganzundgarnicht.«

»Bist du sicher? Ganz, ganz sicher?«

»Jahaa.«

»Hmm.«

»Also bitte, Schatz. Wie käme ich denn dazu, dich so schamlos und bösartig zu kritisieren? Du kontrollierst doch die Wickeltasche, bevor wir losfahren. Manchmal. Mein Herz.«

»Aber ich habe die Tasche mit den Geschenken für geliebte Nichte letzten Sonntag im Flur stehen lassen und ...«

»Und es ist nicht deine Schuld, dass du die Tasche mit den Geschenken für geliebte Nichte vergessen hast. Ja, ich habe mich etwas aufgeregt, aber das war total ungerecht. Ich hätte es einfach ebenfalls kontrollieren müssen. Und noch einmal kontrollieren. Das hat noch niemandem geschadet. Ansonsten wäre ich schon lange tot, Schätzelchen.«

»Außerdem kümmere ich mich auch um ziemlich viele andere Dinge im Haus ...«

»Jahaa, mein Engel. Birnen auswechseln (einmal im Monat), das Schwimmbecken leeren (einmal im Jahr), geplatzte Reifen reparieren (bei Gelegenheit, also nie). Du bist wunderbar, mein liebster Schnuff.«

»ICH WASCHE, BRINGE DEN MÜLL RAUS, RÄUME DIE SPÜL-MASCHINE AUS UND ICH STEHE NACHTS AUF, UM BABY DAS FLÄSCHCHEN ZU GEBEN.«

»Ja, das stimmt. Ich werde mich niemals wieder über die Wahrheit beklagen. Lass mich vor dir niederknien, mein wunderschöner Paradiesvogel.«

»Ist dir eigentlich klar, dass alle, die diesen Text gelesen haben, in dem du dich lang und breit über die Männer beklagst ...«

»Und die Frauen, Liebling.«

»... und ein wenig über die Frauen, dass alle glauben, dass du von mir sprichst?«

»Aberneinganzsichernicht! Ich bitte dich, wer würde so etwas glauben? Außerdem habe ich selbst nicht ein Wort von all dem geglaubt, was ich da geschrieben habe, Hase.«

»Aber ... aber... Warum hast du dann solche Sachen geschrieben?«

»Äh ... Also ... Hm ... Ich ... Damit die Mädels mir nächsten Donnerstag einen ausgeben.«

»Aber ... Aber, das ist echt gemein!«

»Oh ja, weiter! Ich liebe es, wenn du mich wie eine Schlampe behandelst.«

»Ich behandele dich doch gar nicht wie eine Schlampe! Also wirklich! Ich habe nur ges...«

»Los, mein großer Wolf, *bitte*, beschimpfe mich!«

»Ich woll...«

»Sag mir, was ich tun soll!«

»Gut, jetzt reicht's. Halt den Mund, und dann sage ich dir, was passiert.«

»Jaaaa… mein King-Kong.«

»Heute Abend werden wir Suppe essen. Und ich schneide das Gemüse!«

»Dein Wille sei mir Befehl, Herr …«

Rabenvater ergreift die Initiative

....

Rabenvater: »Ich bringe Baby ins Bett.«

Einige Minuten später, in Babys Zimmer: »Huuh! Huuuh! Huuuh! Huuuh! Huuuuuh! Huuuuuuuuuh! WÄÄÄÄÄÄÄÄÄH-HHH! WÄÄÄÄÄÄÄÄÄÄÄÄÄÄÄÄHHHHH! WÄ-! Da! Da! Da! Prrrrrrffffft! Babadadada! GA GA GA! Agü-Agü-Agü!«

Vorsichtig öffne ich die Tür. Baby steht auf Rabenvater und hüpft wie ein Frosch auf Speed.

Rabenmutter: »Anscheinend haben wir diametral entgegenge-setzte Methoden, um Baby zum Schlafen zu bewegen.«

Rabenvater: »Ich weiß ja nicht, wie das bei dir ist, aber ich ver-wende die Methode von Doktor Juppi.«

Woraufhin wir beide einen Lachkrampf bekommen haben und Baby eben keinen Mittagsschlaf gemacht hat.

Rabenmutter wechselt die Strategie (und das Nachthemd)

. . . .

(Der kurz zuvor aufgenommene Kampf der Geschlechter endet in einem Meer von Erbrochenem)

Wie regelt man zeitweise, wenn nicht gar ein für alle Mal, die Schikanen der Wickeltasche, bei denen es Beschimpfungen hagelt und die *Kritik der reinen Vernunft* Punkt für Punkt auf das *Handbuch des perfekten Mechanikers* antwortet? Indem man Erbrochenes aufwischt, ganz einfach.

Denn diese Nacht, als Baby zweifellos davon ausging, dass ihre Eltern kurz davorstanden, einen nicht wiedergutzumachenden Streit vom Zaun zu brechen, hat die Kleine es sich zur Aufgabe gemacht, den Boden ihres Zimmers auf Hochglanz zu bringen. Allerdings nicht mit Meister Proper.

Wir wollten Partnerschaft? Wir wollten Solidarität? Meine Damen, wir haben sie bekommen.

Während die XX-Hälfte des Ehepaars sich großzügig mit halb verdauten Resten von Nudeln in Tomatensauce besprühen ließ und dabei Baby mit sanfter Stimme versicherte, »alles ist gut, das muss alles raus, das ganze Aua«, und gleichzeitig überprüfte, dass besagtes Baby kein Fieber hatte (eines der ersten Symptome bei Skorbut und Beulenpest), holte die XY-Hälfte Schrubber und Lappen hervor und wischte die saure Milch auf, die der Verdauungstrakt des Sprösslings als Erstes in einem Strahl von derartigen Ausmaßen hervorgespritzt hatte, dass einige Feuerwehrmänner vor Neid erblasst wären. Wie es die 300 Milliliter aus dem Abendfläschchen geschafft hatten, sich in ein

Vier-Liter-Riesensonderformat zu verwandeln ... ein Rätsel.
Aber alles war voll damit. Und es kam noch mehr. Und noch
mehr.

Aus ehelicher Sicht war es fantastisch. Kein Wort war nötig. Alles lief wie am Schnürchen, meine Freunde. Ich bin sicher, hinter den Kulissen von McDonald's würden Rabenvater und ich
ein Traumteam abgeben.

Deshalb möchte ich Ihnen jetzt etwas sagen, was die Wickeltasche angeht. Wir werden mit der Wickeltasche dasselbe machen, verdammt! Wir werden uns gemeinsam darum kümmern!
Und das schon allein deshalb, weil sie ebenfalls in Mitleiden-
schaft gezogen wurde.

Die Rabenvater-Info-Hotline – erfahren Sie mehr, als Sie jemals wissen wollten

Große Tochter verlässt das Badezimmer und schlüpft ins elterliche Bett, wo sie eine Diskussion mit Rabenvater anzettelt. Der Tonfall, so berichtet er mir später, ist ernst. Und der geneigte Leser möge bitte nicht vergessen, dass sie mit ihrem belgischen Papa Französisch spricht, eine Sprache, in der »pédé« normalerweise »schwul« bedeutet.

»Papa, was heißt Pehdeh?«

»Äh, hmm. Pehdeh?«

»Ja.«

Schwerwiegende soziologische Fragen erfordern gründlich überlegte Antworten, Rabenvater ist sich bewusst, dass er den Dingen auf den Grund gehen muss. Mutig springt er ins kalte Wasser. »Äh, also, Pédé, das kommt von dem griechischen Wort *paiderastia* und bedeutet so viel wie, äh, dass ein Mann Männer liebt und eine Frau Frauen.« (*Wenn schon, denn schon.*)

»Ach?«

»Ja, und, äh, weißt du, manche Menschen finden es lächerlich oder schlecht, jemanden vom eigenen Geschlecht zu lieben, und in manchen Ländern ist es sogar verboten, und man kann dafür ins Gefängnis kommen. Aber zum Glück ist das bei uns nicht so und in Belgien auch nicht. Und es ist sehr böse, wenn man über diese Menschen lacht oder sie mit ›Pédé‹ beschimpft. Verstehst du?«

»Ja, aber was ich eigentlich wissen wollte, warum steht auf dem Roman von Mama ›P. D. James‹?«

(Scheiße!)

Als ich etwas später anfing, mich in Andeutungen darüber zu ergehen, wie wichtig es für Eltern ist, zunächst den Kontext einer Frage zu eruieren, bevor man sich ihrer Beantwortung zuwendet, hat er mir einen bösen Blick zugeworfen: Lass dich nicht stören, aber ich glaube, ich habe verstanden.

Empfänger am Empfang

Man kann es gar nicht oft genug wiederholen: Das elterliche Leben birgt zahlreiche Gefahren. Für Geliebten Schwager (der ebenfalls ein echter Rabe ist wie alle Mitglieder meiner Familie, abgesehen von Tante Nicole, die eine Heilige ist) hat die Gefahr die Gestalt eines unschuldigen Sende-Empfang-Geräts angenommen, das Babys Zimmer mit dem Esszimmer verbindet.

Der Zwischenfall ereignete sich, als Schwester und Schwager während der Vorspeise, die einem fleischseitig in gastronomischer Hinsicht hochwertigen Dinner vorausging, mit ihren hochkarätigen Gästen über mondäne Themen (na ja, allzu mondän auch wieder nicht) sprachen. Der Wein floss in Strömen (aber nicht zu sehr), der Austausch war spirituell, spontan, gelegentlich gar lebhaft (aber nicht zu sehr). Die Lounge-Musik im New-Age-Stil mit einem diskreten Hauch von Schlagzeug im Hintergrund sorgte für ein samtiges Ambiente, das durch nichts gestört wurde – abgesehen von einem gelegentlichen zurückhaltenden Lachen. Wenn ich sage »nichts«, dann meine ich damit, dass das hauseigene Baby die außerordentliche Güte besessen hatte, bereits vor dem Dinner gehorsam in Schlaf zu sinken, und die Erwachsenen entspannt und ob des unverhofften Schlafeinschubs erleichtert zurückgelassen hatte, sodass es ihnen möglich war, sich in aller Ruhe die Bäuche vollzuschlagen.

In diesem Moment gab der Sender, der auf dem exquisiten, geschnitzten Holzbüfett stand, einen klagenden Laut von sich. Verflixt, Baby hatte Durst!

Geliebter Schwager entfaltete sogleich seine väterliche und

eheliche Fürsorge und zog sich zurück, um seiner Knirpsin (»Knirps« wird nur für Jungen verwendet, und meine Nichte ist nunmal ein Mädchen) ihr Fläschchen zu verabreichen.

Rings um den Tisch wurde fröhlich weiter geplaudert. Worüber? Woher soll ich denn das wissen? Ich war ja nicht eingeladen. Wie ich sie kenne, haben sie lebhaft und geistreich über Politik geredet, über Kino und über Musik. Über Fußball. Der Sender auf dem Büfett übertrug derweil Babys fröhliches Schmatzen, während sie sich mit Milch vollstopfte.

Alles stand also zum Besten während dieses zauberhaften Abendessens.

Bis plötzlich ....

Plötzlich wandten sich alle Gäste jenem Sender zu, der einige Sekunden lang einen grauenhaften Ton von sich gab: zugleich donnernd, durchdringend und quälend.

Ein Pups eben. Ein langer.

Im Esszimmer hätte man gerne glauben wollen, dass dieser von Baby stammte, doch selbst die rudimentären Physikkenntnisse der schockierten Gäste und meiner gedemütigten Schwester reichten aus, um auch noch den Letzten davon zu überzeugen, dass ein so winzig kleines Baby niemals eine solche Menge Luft in sich aufnehmen konnte. Unmöglich.

Als mein Schwager strahlend lächelnd zurückkam, erklärte meine Schwester ihm trocken, dass der »Sender angestellt war, Schatz«. Er brauchte einen kleinen Moment, um zu begreifen. Dann war ein kurzes Lachen seine einzige Antwort. Was sollte er jetzt auch tun? Das Übel hatte seinen Lauf ja bereits genommen. Er sammelte also die Teller ein und ging hinaus, das Hauptgericht holen.

Rabenmutters erotische Notizen

Sex nach der Geburt: Das wird heiß!

Letztens, als ich in einem englischen Hotel im Bett frühstückte, hatte ich die Ehre und das Privileg, Zeugin eines absolut grauenhaften Fernsehmoments zu werden.

Sie sprachen über Sex. Um 7.30 Uhr im Frühschoppen. Und schlimmer noch, sie sprachen über Sex bei Familienmüttern.

Frau Moderatorin: »Unser heutiger Gast, die hinreißende Mutter eines zauberhaften Kindes ...«

Herr Moderator: »Stimmt, sie ist wirklich umwerfend ...«

Hinreißende Mutter: »Hihi!«

Frau Moderatorin: »... hat ein Buch veröffentlicht, in dem sie erklärt, dass Mütter im Leben nicht nur 24 Stunden täglich Mutter spielen möchten.«

Hinreißende Mutter: »Wir wollen auch SEX! Hihi! Darf ich das im Fernsehen sagen?«

Herr Moderator, hypnotisiert: »Sie wollen SEX?«

Hinreißende Mutter, flohmäßig umherhüpfend: »Jaaaaaahaaaa! Hihihi!«

Diese ganze Gesellschaft war so aufgedreht wie, nun ja, eben wie Engländer, wenn sie es wagen, das Wort »Sex« in den Mund zu nehmen.

Ich persönlich war gedemütigt und dachte an all diese jungen Mütter, die in den ~~letzten drei~~ letzten sechs Monaten ein Kind zur Welt gebracht und noch immer das Gefühl hatten, eine Pampelmuse zwischen den Beinen zu haben, und nun völlig verstört diese Sendung sahen. »Was? Wir sollen Sex wollen???«

Die Wahrheit ist schmerzhaft, meine Herren (und meine Damen, die keine Kinder haben), und lautet wie folgt: Nach einer Geburt hat man nicht nur überhaupt keine Lust auf Sex, man hat noch nicht einmal Lust, sich zu fragen, ob man Lust auf Sex hat oder nicht.

Die Killerwahrheit heißt: Man will noch nicht einmal daran denken. Denn: Bis zu sechs Monaten danach – mein Gott, wie soll ich es ausdrücken? – sind wir total überreizt. Nicht wie bei »Ooooh, Schatz, ich verspüre eine unglaubliche Hitze, die dich ruft«, nein, sondern eher wie: »Autsch! &*%$*&, das brennt!«

Und damit Sie meine Worte auch wirklich verstehen, meine Herren, stellen Sie sich einmal vor, Sie werden von einer Frau angesprochen, die Ihnen eine grenzenlose Liebesnacht verspricht, doch statt der gewohnt angenehmen Empfindungen haben Sie den Eindruck, man würde eine Harnröhrenspiegelung an Ihnen vornehmen. Autsch, nicht wahr? Nun, für eine Frau ist Sex nach einer Geburt genau *das!*

»Sehr gut, Rabenmutter, verstanden. Aber nun sagt uns doch in Eurer großen Weisheit, wie lange wird diese Unannehmlichkeit nach der Geburt andauern?« Meiner Erfahrung und verschiedenen Zeugenaussagen nach dauert ~~diese Unannehmlichkeit~~ dieses Martyrium ungefähr einen Monat. Ach Quatsch, das dauert mindestens sechs Monate! Guter Witz, was? Hm.

Dann aber wird alles ganz schnell wieder normal. Ach, ach, ach! Noch ein guter Witz!

Ich werde Ihnen verraten, was danach passiert. Im ersten Jahr ist es im Allgemeinen die Frau, die zu Hause bleibt und die Zeit nutzt, um ihre Erfüllung darin zu finden, die zahlreichen faszinierenden Aufgaben zu bewältigen, die sich ihr stellen: Spülmaschine füllen, Spülmaschine ausräumen, Essen kochen, fegen, waschen, und all das ohne Unterbrechung und ohne dass – keine Ahnung, wie so etwas möglich ist – jemals irgendetwas wirklich aufgeräumt wirkt, eher gerade mal ordentlich genug, damit die Familie nicht in all diesem Unrat erstickt. Doch parallel zu all dem entfaltet sich die Frau ebenfalls darin, 20 Stunden am Tag ein Baby in den Armen zu halten, das zwar quengelt, gewiss, das aber aus voller Kehle brüllen würde, besäße man die Unvorsichtigkeit, es abzulegen.

Kurzum: 20 Stunden am Tag bekommt die Frau menschliche Wärme. Verfluchte menschliche Wärme.

Was wünscht sie sich dann für die restlichen vier Stunden des Tages, die ihr noch bleiben? Wünscht sie sich vielleicht menschliche Wärme, besser bekannt unter dem Namen Sex? Oh Gott, nein! Sie will vor allem eines nicht, nämlich Sex! Keinerlei Hautkontakt, bitte! Alles, was sie will, alles, was sie sich erhofft, ist, sich mutterseelenallein in einen der hintersten Winkel des Hauses zurückziehen zu können, in irgendein winziges Versteck, in dem es gerade genug Licht gibt, damit sie einen Krimi lesen kann, der mit seiner Vielzahl an blutrünstigen Morden wie sanfter Balsam auf ihre gequälte Psyche wirkt. Nein, die Katharsis ist keine Frühlingsblume irgendwo am Kilimandscharo! Die hinreißende Mutter von oben kann ja gerne zwischen zwei Windelwäschen Orgien organisieren, aber was uns angeht, wir wollen nur unsere Ruhe.

Und was die perversen Nymphomaninnen betrifft, die gleich nach der Geburt schon wieder Sex haben wollen (also nach weniger als sechs Monaten), gründet doch zusammen mit der hinreißenden Mutter einen Club und bietet eure Dienste unter www.jungeMütterwollenSex.com an, aber bitte geht uns nicht auf die Nerven. Wir wollen schlafen.

All das wird möglicherweise wieder in Ordnung kommen, und Sie werden erneut die Freuden eines Sexlebens entdecken, das sich einzig und allein im Schlafzimmer abspielt, ganz ohne irgendwelchen Lärm, während die Kinder schlafen oder, für die ganz perversen unter Ihnen, während diese gerade eine Walt-Disney-DVD anschauen. Wenn Sie Glück haben, meine Damen, dann mag es vielleicht sogar vorkommen, dass Sie in Strapsen zum Stillen gehen können!

Habe ich etwa von normalem Sexleben gesprochen?

Meine Herren, es tut mir leid. Ich gebe zu, die Schlussfolgerung kann Ihnen nicht wirklich gefallen. Sie haben gewiss begriffen, dass Sie einige Monate lang (ungefähr zwölf, aber ich wollte nicht von einem Jahr sprechen, das wäre psychologisch unklug): 1. nicht insistieren sollten, und zwar aus dem einfachen Grund, dass uns das total annervt und es gewissermaßen kontraproduktiv ist, und dass Sie sich 2. einen Knoten reinmachen können.

Hierfür empfehle ich Ihnen übrigens ein hübsches rotes Band, das Sie zu einer feierlichen Schleife binden können. Auf diese Weise haben wir dann, sollte die Lust uns mal wieder überkommen, das Gefühl, ein ganz, ganz besonderes Geschenk auszupacken.

Und was Sie angeht, meine Damen, Schecks sind wie immer gerne willkommen.

(K)ein Date mit Rabenmutter

3. Februar 2006, 10 Uhr morgens.

Liebes Tagebuch,

gestern Abend hat Große Tochter mich um dokumentarische Einzelheiten zum Thema »Ziel: Baby« gebeten. Wobei mir einfällt: *Es wird Zeit.* Du verstehst, »Zeit«. Zeit zu …

Rabenvater und ich, wir haben »es« zwar einige Male versucht in den letzten Monaten, aber ich will dir nicht verhehlen, liebes Tagebuch, dass es vor allem darum ging, die Mechanik zu testen. »Verstehen Sie mich, Mike India? Testing Papa India. Die Leitung rauscht noch. *System failure!* Packen Sie alles wieder ein und fahren Sie zurück nach Houston, dringend. Roger that, 10-4.«

Doch heute Abend, liebes Tagebuch, wird alles anders. Heute bin ich in Form. Also, jedenfalls ziemlich in Form, auch wenn Baby mich diese Nacht viermal geweckt hat. Aber ich kann mich ja immer noch ausruhen, während sie schläft!

Los, eine kleine Mail an Rabenvater, um ihm zu sagen, dass er sich für den großen Coup bereithalten soll.

An: Rabenvater

Von: Hot Mama

Mein geliebter Schatz,

ich bin heute so heiß, dass die Suppe sich verbrennen wird, wenn ich welche esse. Mach dich bereit für den großen Coup!!!

Gezeichnet:

Dein Schatz in HÖCHSTFORM!!! xoxoxoxo

An: Flotte Mama-Biene
Von: Rocket Power
Schatz,
Nachricht erhalten. Ich eile zu Beate Uhse, um mir Küchenhand-
schuhe aus Silikon zu kaufen (falls sie keine in Latex haben). Für
mich wirst du niemals zu heiß sein!
Gezeichnet: Dein angemachter Schatz

Ohlala! Heute Abend geht die Post ab, das spüre ich!

13 Uhr.
Keine Chance, Baby zum Schlafen zu bewegen. Armer Wurm,
scheint Koliken zu haben. Das Einzige, was sie beruhigt, ist,
wenn ich den Ententanz im Schnelldurchgang vollführe. Ich
hoffe, sie schläft bald ein. Ich hoffe es wirklich.

17 Uhr.
Baby hat immer noch nicht geschlafen, der verflixte Zwerg. Ich
glaube, ich habe sie mit meiner Choreografie doch zu sehr auf-
geputscht. Die nächste Ente, die ich sehe, wird eigenhändig von
mir erwürgt.
Und die Hausaufgaben von Großer Tochter: »Bitte deine Eltern,
dein Heft durchzulesen, es ausführlich zu kommentieren, und
lass dein Zeugnis unbedingt bis morgen unterschreiben.« Soll
ich der Lehrerin eine kurze Notiz schreiben und die »sexuelle
Entschuldigung« vorbringen, um das auf einen anderen Tag zu
verschieben? Vielleicht würde Fräulein Nicole es ja noch verstehen, aber Große Tochter ganz sicher nicht (und wir wollen auch
nicht, dass sie es versteht).

Kurzum, ich bin, wie soll ich sagen … ein wenig müde. Doch nur Mut, heute Abend wollen wir schließlich Fiesta machen. Immer positiv bleiben. Standhaft bleiben. Vor allem aber: wach bleiben.

18.00 Uhr.
Baby ist todmüde, will aber nicht schlafen. Sie weint ununterbrochen, außer ich nehme sie auf den Arm. Große Tochter quält mich mit Ratespielen. Ich kann nicht mehr.

19.00 Uhr
Endlich, Rabenvater ist heimgekommen – mit einer guten Flasche! Ausgezeichnet. Das tut immer gut, ein kleiner Aperitif während der Vorbereitungen fürs Abendessen. (Gar nicht einfach, wenn man ein Baby im Arm hat, aber Rabenvater wollte kurz duschen, und man kann es einem Mann ja wohl kaum verübeln, wenn er sauber sein möchte, vor allem in Vorbereitung auf *die* Liebesnacht. Hey, das wird ganz schön heiß werden heute! Jedenfalls hoffe ich das.)
Los, Rabenmutter, das Glas auffüllen, und dann alle zu Tisch! Nicht, dass es noch zu spät wird fürs Dessert!

4. Februar 2006, 8.00 Uhr morgens
Liebes Tagebuch,
ich weiß nicht, ob Rabenvater gestern Abend Sex hatte, aber falls ja, dann nicht mit mir.
Die Ereignisse sind etwas undeutlich in meinem Kopf, aber Rabenvater hat mir alles erzählt. Ich erinnere mich daran, dass

ich während des Abendessens das Gefühl hatte, der Teller würde mir ins Gesicht springen. Tatsächlich war ich diejenige, die kopfüber hineingefallen ist. Schnarchend. Große Tochter hat mir das Gesicht abgewischt (scheint, als wäre ich diesbezüglich duldsamer als Baby), und sie haben mich ins Bett verfrachtet. Angeblich bin ich um zwei Uhr morgens aufgestanden, um ein Fläschchen zuzubereiten, aber Rabenvater hat mich ins Bett zurückgeschickt. (Ich hatte den Rest Wein von gestern Abend hineingegossen statt der Milch und angefangen, selbst am Fläschchen zu nuckeln – ich frage mich wirklich, wie ich so etwas tun konnte!)

Das Letzte, woran ich mich erinnern kann, ist, dass Rabenvater mir ins Ohr gemurmelt hat: »Wenn ich es recht verstehe, willst du mir damit sagen: bis zum nächsten Mal.«

Das stimmt tatsächlich! Mein letztes Wort dazu ist noch nicht gesprochen.

Sofern es niemanden stört, werde ich mich zwischenzeitlich allerdings wieder hinlegen. Baby macht ein laaaaanges Nickerchen heute Morgen. Ach ja.

Rabenvater übernimmt

Für diesen weiteren Text unserer verrückten Quasi-XXX.-Serie
übergebe ich das Mikro an Rabenvater, der es umso lieber ergreift, als er momentan nicht einmal zu Hause ist. (Scheinbar
sind Identitätsdiebstähle in letzter Zeit sehr in Mode gekommen, warum also nicht?)

Hier also, live aus der beeindruckenden Feder meines geliebten
Gatten, Rabenvaters Tricks, die für Stimmung sorgen.

Liebe Freunde,

Sie sind wie ich: Sie kennen die Frauen. Oder glauben Sie vielleicht nur, sie zu kennen? Ist Ihnen wirklich klar, wie wichtig,
was sage ich, wie ausschlaggebend die Stimmung ist, in der sie
sich befinden, damit besagter Akt, für den Gott Mann und Frau
geschaffen hat, sich in seiner ganzen Pracht entfalten kann, auf
dass diese beiden zu ihrer ultimativen Symbiose gelangen und
die Apotheose ihres vereinten Schicksals erreichen mögen, und
zwar durchschnittlich zwei Mal die Woche? Okay, ich übertreibe, sagen wir einmal.

Ja, die Stimmung. Die Atmosphäre. Das Klima. Die Lust.

Die Gleichung ist ganz einfach. Ohne Stimmung nur Besinnung.
Ohne Atmosphäre keine Affäre. Ohne Klima keine Klimax.
Ohne Lust nur Frust.

Doch wie, so fragen Sie sich auf der Höhe Ihrer Befürchtungen,
wie soll man denn für diese Stimmung sorgen, wenn im ganzen

Haus die Knirpse herumwuseln und plappern, die sich, mögen sie auch das Ergebnis einer großen Luxusparty gewesen sein, nach ihrer Geburt umgehend in das allerwirksamste Gegenmittel für eine derartige Veranstaltung verwandeln?

Ich sage nur drei Worte: Steak, Mais, Kartoffeln. Oh, Verzeihung. Da habe ich wohl etwas verwechselt. Wie ich also sagte, nur drei Worte: Schnelligkeit, Gespür, Pheromone.

Zuerst einmal, was sind das überhaupt, Pheromone? Ganz einfach: Sie sind der Duft der Liebe. Und da die Pheromone ihren Job ganz klammheimlich selbst erledigen, brauchen Sie sich darum gar nicht zu kümmern. Kreuzen Sie nur die Finger und hoffen Sie darauf, dass die Ihren kürzlich geduscht haben.

Was hingegen Gespür und Schnelligkeit angeht, daran lässt sich arbeiten. Allerdings habe ich im Laufe der Jahre ein paar Tricks herausgearbeitet, die ich, ganz im Vertrauen, gerne mit Ihnen teilen möchte.

1. Falls Sie, wie ich, eine Ehefrau haben, die das Leben durchaus von seiner lustigen Seite zu nehmen weiß, dann gehen Sie wie folgt vor (ich habe die Formel selbstverständlich ausprobiert, bevor ich Sie Ihnen weitergebe):

Sobald die Zwerge im Bett sind (und schlafen), nähern Sie sich Ihrer Gattin mit folgenden Worten, wobei Sie natürlich das deutliche Augenzwinkern nicht vergessen: »Schatz, ein Mann ist wie ein altes Möbel: Er muss gelegentlich poliert werden.«

Damit werden Sie garantiert eine Lachsalve hervorrufen, und das ist gut und richtig, meine lieben Freunde, denn jeder weiß ja: »Das Höschen einer Frau gewinnt der Kerl, der sie zum Lachen bringt« (Don Juan de Marco, sofern es nicht meine Großmutter war).

Jedoch aufgepasst! Falls der Sinn für Humor Ihrer Frau mit einer besonders ausgeprägten Schlagfertigkeit gepaart ist, dann laufen Sie Gefahr, dass Sie Ihnen antwortet, das Polieren der Möbel sei gewöhnlich doch wohl Ihre Aufgabe. Q.E.D. und zurück auf Start, ich gebe es zu.

Auch könnte ihr Ihr Witz möglicherweise so gut gefallen, dass die Stimmung umgehend in einen Lachkrampf umschlägt. Falls dies der Fall sein sollte, werden Sie sich zwar durchaus gemeinsam im Bett wiederfinden, allerdings nur, um eine Folge von *Ein Herz und eine Seele* auf Ihrem Laptop anzusehen. Glauben Sie mir, ich spreche aus Erfahrung.

2. Unser Gespür lässt uns folglich erahnen, dass etwas weniger Humor durchaus angebracht wäre. Was soll's! Bringen wir also die Schlümpfe ins Bett, überwachen ihre Hirnströme per Überwachungsmonitor und nutzen den Moment, in dem sie in Tiefschlaf sinken, um zur Tat zu schreiten.

Ich fordere Sie eindringlich dazu auf, die eingefahrenen Gleise zu verlassen. Zeigen Sie Ihrer Dulcinea Ihre teuflischen Absichten, indem Sie die abgedroschenen Aufforderungen über Bord werfen, wie »Ich will dich hier und jetzt, nackt auf dem kratzigen Türvorleger« oder auch »Mach mir den Ententanz-Striptease, am besten lippensynchron, wenn's geht«. All das wurde wieder und wieder von so vielen hirnvertrockneten und fantasielosen Liebhabern wiedergekäut. Tun Sie ihr einen Gefallen, vergessen Sie diese verstaubten Taktiken und versuchen Sie es mal mit etwas Neuem, aber schnell.

Warum säuseln Sie ihr nicht, wie ich, an einem Vollmondabend ins Ohr: »Schatz, lass uns heute Abend ein Liebesritual versuchen!«

Angesichts eines solch ebenso verwegenen wie erlesenen Vorschlags wird Sie sich auf Sie werfen und ...

Gut, ich gebe es zu, sie hat gelacht! Es war ja auch ein Witz. Ich bin Belgier, verdammt, was soll ich denn tun? In meinen Adern fließt Lach-Serum, das ist sozusagen angeboren, ich kann da gar nichts gegen machen.

Sie hat also gelacht und mir anschließend angeboten, ein Opfer auf dem Voodoo-Altar der Unzucht und Wollust darzubringen. Wir haben uns ein weiteres Mal totgelacht und dann eine Folge *Ein Herz und eine Seele* angeschaut.

Was ich Ihnen eigentlich sagen wollte, Leute, ist das: Sie müssen unter allen Umständen für Stimmung sorgen. Allerdings nicht für irgendeine.

Gezeichnet: Rabenvater und seine Anti-Tricks.

Danke, Rabenvater, für diesen Ausflug in (verständlicherweise) nur selten aufgesuchte Gefilde.

Verflixt, fragen Sie sich jetzt sicher: Werden die beiden endlich irgendwann zur Sache kommen? Mysterium und Hormon-Orakel.

Zum Schluss noch ein kleiner Witz: Was ist der Unterschied zwischen dem Polieren eines Mannes und eines Möbelstücks? Das Möbelstück glänzt anschließend. Pffff ...! (Er hat es nicht anders verdient, das müssen Sie zugeben!)

Die erotischen Briefe
von Rabendoktor

Liebe Leser,

wir erreichen die letzte Etappe unser Rallye (oder besser gesagt unseres Hindernislaufs), in der sich Fast-schon-Sexy mit Beinah-Ekstase verbindet. Damit Sie Ihr Vertrauen in die Menschheit zurückgewinnen, stelle ich Ihnen nunmehr Doktor I. vor, der auf jede Ihrer Fragen, und seien sie auch noch so rabenmäßig, eine Antwort hat. Woraufhin Sie, wie ich hoffe, Ihr Wochenende gewinnbringend nutzen werden, um, was weiß ich, vielleicht das Haus zu putzen?

Lieber Doktor I.,

unsere Freunde, die bereits seit 15 Jahren zusammen sind und zwei kleine Kinder haben, rammeln immer noch wie die Kaninchen und zögern nicht, sich uns gegenüber damit zu brüsten, die wir seit acht Jahren zusammen sind und eine nicht mehr ganz so kleine Tochter haben. Wir wissen, dass dies eine verachtenswerte Haltung unsererseits ist, aber jedes Mal, wenn sie uns von ihrem verdammten hyperaktiven Sexualleben erzählen, würden wir sie am liebsten kastrieren. Was sollen wir tun, um die Freundschaft zu diesen Sackpfeifen aufrechtzuerhalten, ohne auf Ritalin zurückgreifen zu müssen?
Mariette

Liebe Mariette,

SIE SIND NICHT ALLEIN. Vertrauen Sie meiner Erfahrung, diese Art Sackpfeifen sind äußerst weitverbreitet und wecken durchaus den Wunsch nach unzeitgemäßer Kastration. Glücklicherweise bieten sich Ihnen mehrere Lösungen:

Haben Sie beispielsweise einmal daran gedacht, Ihre freundschaftlichen Beziehungen für ungefähr 60 Jahre auf Eis zu legen? Wetten, dass Ihre Freunde mit 90 weniger feurig sein werden? Das Problem besteht darin, dass Sie Ihnen dann mit ihren vergangenen Kunststücken in den Ohren liegen werden, doch zu diesem Zeitpunkt leiden Sie selbst höchstwahrscheinlich an Alzheimer und können problemlos darüber hinweg gehen. Als letzten Ausweg können Sie Ihnen dann immer noch ihre dritten Zähne verstecken: Ihre Prahlereien werden schnell an Biss verlieren.

Sollte Ihnen dieser Abstand von 60 Jahren irgendwie übertrieben erscheinen, warum nehmen Sie dann nicht einfach eine selbst gebastelte Voodoo-Puppe mit dem Bildnis Ihrer Freunde zur Hand? Sicherlich haben Sie zu Hause ein paar Puppen herumfliegen! (Achtung: Nehmen Sie nicht die älteste und hässlichste, das ist die Lieblingspuppe Ihrer Tochter!) Wenn sie diese mit ein paar geschickt platzierten Nadeln verzieren, wird das die Glut von Herrn und Frau Kaninchen schnell abkühlen lassen, sodass sie schon bald bei Ihren gemeinsamen Abendessen kaum mehr groß prahlen, sondern sich regelmäßig ins Badezimmer zurückziehen werden, um ihre Intimcreme zu erneuern.

Und schließlich (ich weiß, diese Lösung scheint drakonisch, doch was soll's): Warum lassen Sie sich von den übertriebenen Erzählungen dieser zügellosen Abenteuer verbittern, wenn Sie sich doch selbst, wenn ich so sagen darf, ein Beispiel daran nehmen könnten? Ein Paar in meinem Bekanntenkreis, das lieber anonym bleiben möchte, hat Folgendes versucht:

Rabenmutter: »Ich frage mich, was X und Y heute Abend machen.«

Rabenvater: »Ach du weißt doch, die poppen sicher wieder.«

Rabenmutter: »Bringt dich das nicht auf Ideen …?«

Rabenvater: »Du bist verrückt, es ist Montag!«

Rabenmutter: »Na und?«

Rabenvater: »Das bringt doch alles durcheinander! An einem Montag poppen, also wirklich …«

Rabenmutter: »Jahaa, vielleicht … Außerdem, wie spät ist es?«

Rabenvater: »21.28 Uhr.«

Rabenmutter: »Also sozusagen halb zehn …«

Rabenvater: »In genau zwei Minuten.«

Rabenmutter: »Du hast recht, es ist weder der Tag noch die Zeit für Schweinereien. Verzeih mir, was habe ich mir nur dabei gedacht?«

Rabenvater: »Wollen wir *Ein Herz und eine Seele* schauen?«

Rabenmutter: »Ja!«

Hmm, ja, nun gut, also, das geht dann nicht immer in die vorgesehene Richtung, aber was zählt, ist schließlich der Versuch.

Sehr geehrter Herr Doktor I.,
mein Mann ist verrückt nach Analsex. Was soll ich tun?
Marie-Rose

Liebe Marie-Rose,

zuerst einmal stelle ich fest, dass Sie mit Ihrer Tastatur auf Kriegsfuß stehen, denn sicher wollten Sie von »*Banal*sex« sprechen. Das ist überhaupt nicht schlimm, das passiert auch den Besten unter uns.

Also, Ihr Gatte liebt Banalsex. Ich kann Ihre Enttäuschung nachvollziehen, doch diese Situation hat auch ihr Gutes. Falls Sie Kinder haben oder vorhaben, welche zu bekommen, so ist Banalsex, das heißt diskreter und auf das Schlafzimmer beschränkter Sex, gewissermaßen die *Conditio sine qua non* für jegliche Art von Geschlechtsverkehr. (Ich habe erst gestern Abend noch San Antonio gelesen.)

Das Schlafzimmer, weit entfernt davon, jener einschläfernde Ort zu sein, der bei so vielen Singles verschrien ist, die zu jung sind, um Rückenschmerzen und Juckreiz im Anschluss an zügellose Reitveranstaltungen zu kennen, die auf den Fliesen im Badezimmer oder dem kratzigen Türvorleger im Flur stattgefunden haben, ist Ihr weicher Rückzugsort, Ihr gepolstertes Heiligtum, in dem ein wattierter Freund Ihre verweichlichten Hinterteile ohne zu seufzen (oder nur ein winziges bisschen) aufnehmen wird. Außerdem wird ein geschickt an der Tür dieses Liebesrefugiums angebrachtes Schloss Ihre kleinen schlafwandelnden Cherubim daran hindern festzustellen, dass Papa und Mama zusammen noch etwas anderes machen als Spaghettisauce kochen.

Kurz, liebe Marie-Rose, ein Hoch auf die banale Liebe! Sie ist schmerzfrei und für jedes Portemonnaie erschwinglich.

Zum Schluss, liebe Leser, ein Rat: Sollte Sie die Lust überkommen, Ihren Liebeswalzer mit irgendwelchen Verkleidungen zu salzen, so seien Sie vorsichtig. Wie viele Paare habe ich schon in meiner Beratung gehabt, nachdem Junior plötzlich ganz unvorbereitet im Schlafzimmer aufgetaucht ist und Papa als Cowboy mit einer als Cancan-Tänzerin verkleideten Mama erwischt hat? »Mitspielen will« ist nicht das, was man mitten in der nicht ganz geschichtsgetreuen Nachstellung von *Spiel mir das Lied vom Tod* gerne hören möchte.

Vielen Dank, lieber Rabendoktor, für diese albernen Späße, dieses Schmierentheater und diese zweifelhaften Ratschläge, die wir ganz sicherlich in die Tat umsetzen werden, vor allem an X und Y.

Hoch leben die Eltern ... in Freiheit?

Gestern Großeinsatz, um Große Tochter und Baby für den Abend und die Nacht zu den Großeltern zu verfrachten. »Auf Wiedersehen, Kinder«, sagen Rabenvater und Rabenmutter. »Ihr werdet uns fehlen.« Und sie fahren ab, nachdem sie umfangreiche Knuddeleinheiten und zahlreiche Trostsprüche verteilt haben.

Während der Rückfahrt herrscht im Auto surrealistische Ruhe.

Rabenmutter: »Wir sind frei. FREIIIIIIII!!!«

Rabenvater: »Frei, um zu schlafen.«

Rabenmutter: »Ja. Und das Haus zu putzen.«

Rabenvater: »Ah.«

Was zeigt, dass das Gefängnis manchmal nur im Kopf existiert.

Höschen-Blues

Sagen Sie nur nicht, dass die eine oder andere von Ihnen nicht gerne ein letztes Stück von Jean-Louis XXX. vorgesetzt bekäme, na, Mädels?

Nun denn, Jean-Louis XXX. ... während der Feiertage habe ich seinen Slip gesehen.

Ich weiß, es ist verwegen, Ihnen das so ganz unvorbereitet zu erzählen, ohne irgendwelche Vorsichtsmaßnahmen zu ergreifen, während Sie doch Ihren Tannenbaum abschmücken müssen und überhaupt keine Zeit für verrufene Träumereien haben, die sich zwischen ein paar IKEA-Möbeln abspielen. Tatsache bleibt allerdings: Ich habe seinen Slip gesehen.

Warten Sie, ich versuche, mich zu erinnern ...

Ich weiß nicht, wie es kam, dass wir beide plötzlich alleine im Keller waren, aber irgendwie geschah es, dass er mir genau da den großartigen Vorschlag machte: »Ich zeig dir meinen, wenn du mir deinen zeigst.«

Was mich persönlich angeht, also, mir ist der Slip von Jean-Louis so was von gleichgültig. Na ja, schließlich hat Rabenvater auch welche, also Slips, und die kann ich mir ansehen, wann immer ich will. Doch, doch, ich schwöre! Aber ich habe dabei an Sie gedacht, meine lieben Leserinnen. Durfte ich denn eine solche Gelegenheit, Informationen über den berüchtigten S. des J.-L. zu bekommen, tatsächlich ungenutzt verstreichen lassen?

Ohlala, meine lieben Freundinnen! Gut, ich durfte gerade einmal einen Blick auf den oberen Rand seines Slips werfen, den er kurz oben aus der Hose hervorzog, aber das war auch gut so, denn ich wurde auch so schon ganz nervös.

Das Teil zeigte ein Leopardendesign. Schwarz und orange. Hier und da ein Glitzern wie leuchtende Sterne am Himmel seines Schritts (Teufel, was bin ich poetisch heute Morgen). Da wurde das wilde Tier, das Raubtier im Mann geweckt, allerdings ohne den damit verbundenen Gestank. Keine offensichtlichen Löcher, beziehungsweise nur drei an den richtigen Stellen, wahrscheinlich, damit Oberkörper und Beine hindurchpassen, denke ich mir. Ach, er hat das Jahr wirklich in voller Pracht beschlossen, dieser XXX.!

Ich habe mich einige Sekunden hingesetzt, um meine Erregung zu bezwingen. »Jean-Louis«, stöhnte ich dann, »tu das nie wieder. Ich bin sehr zartbesaitet.«

Das schien ihn zu verwundern. Rabenvater möge mir verzeihen, ich glaube sogar, ich habe ihn erschüttert: »Du bist zartbesaitet?«, fragte er.

»Äh nein, aber ich werde einfach mal so tun, als ob.«

Nun war es an mir, einen Zipfel meines Intimgewebes zu enthüllen. Wobei, meine Süßen, wir kennen uns ja inzwischen gut genug. Wir werden nicht anfangen, uns irgendwelche Lügenmärchen aufzutischen, nicht wahr? Damenslips, egal von welcher Sorte, fangen immer irgendwann an, hochzurutschen. Sie wissen doch, hochrutschen, zwicken? Übrigens behandelt der Jazz diese ach wie ernste Problematik der femininen Unterwäsche, die irgendwo zwackt, bereits in seinem großartigen Klassiker *It Might As Well Be String*.

Es ist eine Tatsache, alle Damenunterhosen, vom String bis zum Panty, zwicken irgendwo. Alle außer einer, die sich noch dagegen wehrt, uns zu quälen: das Schwangerschaftshöschen. Ich habe mal eine Umfrage gemacht: Eine von drei Personen hat mir bestätigt, dass ihr Schwangerschaftshöschen sich nie da eingeklemmt hat, wo es gewöhnlich klemmt. Nie. Also gut, meine Schwangerschaftshöschen, die trage ich immer noch. Ich trage sie sogar sehr häufig.

Und ich trug sie auch an diesem schicksalhaften Abend während der Feiertage.

Ich musste mein Höschen daher nicht einmal über den Bund meines Rockes ziehen, es schaute sowieso schon hervor in all seiner fleischfarbenen ~~Wonne Pracht~~ Fleischfarbigkeit.

Tja, und Jean-Louis, was sollte er tun? Er ist die Treppe hinaufgerannt und hat nacheinander zwei Wodka in sich hineingeschüttet.

Deswegen sah er dann wohl auch so grün aus, und seine Augen schwammen in Tränen.

Was mich angeht, mir ging es gut. Tatsächlich hatte ich das tief sitzende Gefühl, eine gute Tat vollbracht zu haben. Denn seien wir doch einmal ehrlich, Jean-Louis hatte den Boden des Pulverfasses erreicht. Folglich konnte für ihn 2007 alles nur noch besser werden. Sie dürfen mich jetzt ruhig Gute Fee nennen.

Übrigens, Jean-Louis, ich habe es gern getan. Und ich werde es jederzeit wiederholen, wann immer du magst. Meine fleischfarbenen Höschen liegen bereit.